사활을 걸었다

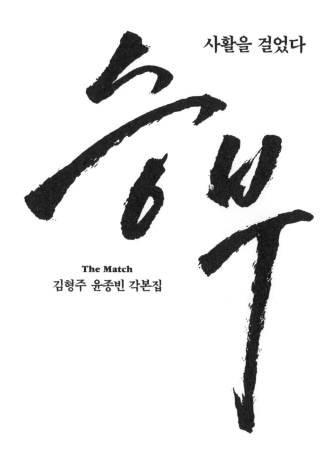

The Match
김형주 윤종빈 각본집

STUDIO:ODR

차례

감독의 말

수천 년의 세월 동안 똑같은 바둑은 단 한 번도 없었다고 한다.

가로 19줄, 세로 19줄의 바둑판 위엔

그만큼 무한에 가까운 경우의 수가 존재한다는 얘기다.

우리 모두 일상이라는 각자의 바둑판을 매일 마주한다.

바둑이 그러하듯 삶에도 정답은 없고

또한 바둑이 그러하듯 우리도 늘 이길 수는 없다.

그저 자신의 바둑을,

자신이 생각한 최선의 수를 두면 되는 것 아닐까.

중국의 기성(棋聖) 오청원은 바둑을 '조화'라 했다.

바둑은 결코 홀로 두지 못한다.

함께 마주한 상대가 있어야만 비로소 한 판의 대국이 완성된다.

스승과 제자이자, 동시에 시대의 라이벌로

외롭고 처절했던 그들의 승부를 조금이나마 엿볼 수 있게 해주신

조훈현, 이창호.

위대한 두 승부사에게 감사와 경의를 표한다.

끝으로 추위와 코로나라는 악조건 속에서

바둑판 위에 아름답게 어우러진 바둑돌처럼

때론 치열하게 싸우고, 때론 서로를 북돋우며

〈승부〉의 여정을 끝까지 함께해 준 배우들과 스태프들에게

진심 어린 고마움을 전한다.

감독 김형주

등
장
인
물

"평정심을 잃는 순간
바둑은 거기서 끝이야."

대한민국 최고의 바둑 레전드
조훈현 役 이병헌

세계 프로 바둑 선수권 대회 최강자로 우뚝 선 조훈현은 국민 영웅으로 거듭
난다. 그에게 새로운 도전 정신을 일깨운 건 바로 전주의 바둑 신동이라 불리
는 이창호였다. 이창호의 재능을 알아보고 그를 집으로 들여 가르친 지 수년
후, 조훈현은 마침내 자기 제자와 전 국민이 지켜보는 앞에서 승부를 가리게
된다.

"아저씨 바둑이 젤 쎄다믄서요.
우리나라 최고라던디?"

승부의 맛을 알게 된 수제자
이창호 役 김강훈

전주에서 바둑 신동으로 불리며 주목받던 이창호는 조훈현의 눈에 띄어 서
울로 상경한다. 서울에서 조훈현을 스승으로 모시며 한집에서 동고동락하던
이창호는 스승과는 결이 다른 바둑을 두면서 가파르게 성장한다. 그리고 너
무나 이른 시기에 스승과 대국을 두어야 하는 시간이 찾아오는데….

"사제 도전.
우리 바둑사에 길이 남을 대사건입니다."

바둑판의 희로애락에 정통한 프로 기사 겸 바둑 기자
천승필 役 고창석

프로 바둑 기사이자 바둑판의 희로애락을 전하는 바둑 기자 천승필은 조훈현의 일
거수일투족을 꿰뚫고 있다. 그런 그의 레이더망에 잡힌 것은 조훈현이 이창호를 만
나면서 생긴 변화였다. 조훈현이 어떻게 내려가는지, 그리고 다시 어떻게 올라가는
지 곁에서 묵묵히 지켜본다.

"조훈현이가
호랭이 새끼를 들랐네."

전설의 사제 관계, 그 시작을 함께한 프로 기사
이용각 役 현봉식

이창호의 재능을 알아본 이용각은 조훈현에게 그를 소개한다. 바둑판에서 잔뼈가
굵은 그는 천승필과 함께 조훈현의 승패를 함께하는 인물이다. 무엇보다 이창호의
성장 과정을 가까이에서 지켜보며 그들의 발전을 응원한다.

"너무 몰아세우지만 말고
어르고 달래가면서 해. 아직 애잖아."

승부사들의 가장 친밀한 동반자
정미화 役 문정희

대한민국 바둑 레전드 조훈현, 바둑 신동 이창호와 한 지붕 아래 함께 살며 그들의
밝은 면과 어두운 면을 모두 지켜본 동반자. 그들의 특별한 관계가 더욱 발전적인 방
향으로 나아갈 수 있도록 쓴 조언도 마다하지 않는 강단을 보여준다.

"그렇게 견디다가 이기는 거요.
그렇게 참다 보면 한 번쯤은 기회가 오거든."

승부사들의 인생 맞수
남기철 役 조우진

바둑 천재 이창호가 등장하기 전까지 대한민국 바둑 레전드 조훈현과 최고의 맞수
이자 팽팽한 라이벌 관계를 이어온 남기철은 그들의 바둑 인생에서 빼놓을 수 없는
인물이다. 날카로운 창처럼 치열한 대결을 펼치다가도 대국이 끝난 후에는 아낌없
는 조언을 건네며, 조훈현이 힘든 시기를 겪을 때 큰 힘이 되어준다.

일러두기

- 수록된 각본은 실제 영화에 사용된 최종본입니다.
  일부 띄어쓰기나 한글 맞춤법에 어긋나는 표기도 작가의 의도를 반영하여
  그대로 살렸습니다.
- 촬영 전 집필한 각본으로, 최종 상영된 영화와 다른 부분이 포함되어 있습니다.

용어 정리

- S#(Scene Number): 장면 번호.
- Cut To: 하나의 장면이 끝나고 다음 장면으로 넘어가는 전환 기법.
- V.O(Voice Over): 화면 안에 인물이 등장하지 않고 목소리만 들리는 장면.

오 리 지 널 각 본

○

●

S#1 TV 대국 중계 화면

화면을 가득 채운 혼란스러운 표정의 이세돌이
바둑판과 모니터를 번갈아 쳐다본다.

자막   '이세돌 vs 알파고, 구글 딥마인드 챌린지 매치 제4국'

훈현   (V.O) 바둑은 자기 자신을 믿는 사람들의 싸움이다.

          프로는 두텁다, 느리다, 가볍다,

          이른바 감을 사용해 바둑판 전체를 읽는데,

          이런 수읽기●를 우린 직관이라 부른다.

● 바둑에서 앞으로 돌을 놓을 자리를 미리 생각하는 일.

20

모니터에 백돌이 표시되자, 알파고의 대리인 아자황이
바둑판 위에 돌을 놓는다.
바둑판을 보다 아자황을 노려보는 세돌.

    훈현   (V.O) 하지만 인공지능과의 대결에선

                그런 게 불가능하다.

                상대와 감정의 교류가 없다면

                확신은 서서히 흔들리고,

                결국은… 자신을 의심하게 된다.

손을 뻗다 말고 쓴웃음을 지으며 머리를 쓸어내리는 이세돌.
해설용 바둑판을 짚어가며 집을 헤아리던 해설자가
기가 찬다는 듯 두 손으로 얼굴을 감싼다.
다시금 집중하며 바둑판을 뚫어지게 바라보는 세돌.

    훈현   (V.O) 경우의 수가 무한대인 바둑판 위에서

                계산은 늘 직관을 앞선다.

                하지만, 무너지지 않고, 참고, 또 참아내면…

                기회는 반드시 찾아온다.

고심하던 세돌이 바둑판 중앙에 회심의 한 수를 둔다.

세돌의 78수에 술렁이는 해설진과 기자단.

여전히 신중한 자세로 수읽기에 몰두하는 세돌.

한참 시간을 소비하던 알파고의 모니터 화면에 알림창이 뜬다.

'Alphago Resign'

알파고가 기권하며 세돌의 승리가 확정되자

환호하는 기자단과 해설진.

여전히 덤덤한 얼굴로 바둑판을 내려다보는 세돌.

훈현   (V.O) 이것이⋯ 바둑이고⋯ 인생이다⋯.

S#2   싱가포르 스탬퍼드 호텔 | 낮

─ 스위트룸 | 낮

삐비빅 울리는 탁상용 알람을 끄는 훈현(31).

자막   **'30년 전'**

담배꽁초가 수북한 재떨이, 바둑알과 기보들이 널브러진
테이블을 지나 창가에 다가선 훈현이 마음을 가다듬듯

22

지그시 눈을 감는다.

똑똑 노크와 함께 기자 출입증을 목에 건 승필(41)이

상기된 얼굴로 들어선다.

승필 슬 내려가야 될 거 같은데? 컨디션 어때?

 잠은 좀 잤어? 아침은…? 뭐 우유라도 갖다줄까?

훈현 (빤히 보며) 왜 이렇게 쫄아 있어?

 형이 바둑 둬?

승필 나도 모르겠다. 심장이 막… 벌렁벌렁거리네.

훈현 (뺨을 어루만지며) 이 형… 큰일이네.

 나이 먹을수록 자꾸 귀여워져.

 장가만 가면 딱인데….

승필 (짜증) 거 왜 또 결혼 얘길….

 (금세 진지) 조 국수! 오늘 꼭 백 잡아야 한다!

 알지? 이번 결승 백이 다 이긴 거….

훈현 백으론 이겨봤으니, 흑으로도 한번 이겨봐야지….

 (양복 재킷을 걸치며) 한국 들어갈 땐,

 일등석 타고 갑시다.

— 싱가포르 시내 | 낮

평화로운 시내 풍경 너머로 우뚝 솟아 있는 호텔.

─ 로비 | 낮

로비에 운집한 수많은 취재진과 오성홍기를 든 중국 바둑 팬들.
계단을 지나 훈현이 모습을 드러내자
카메라 플래시가 쉴 새 없이 터진다.
적진에 홀로 뛰어드는 장수처럼
비장한 표정으로 대국장으로 향하는 훈현.
훈현이 대국장에 들어서자 철컥─ 출입문이 굳게 닫힌다.

─ 특설 대국장 | 낮

돌을 가리는° 두 사람. 섭위평이 한 움큼 백돌을 움켜쥐자,
흑돌 하나를 올려놓는 훈현.
섭위평이 손을 펴자, 백돌 열여섯 개가 드러나고,
주저하지 않고 백을 택하는 섭위평.
지켜보던 승필의 표정이 일그러진다.
휴대용 산소 호흡기를 입으로 가져가며

° 돌의 흑백을 가리는 행위. 한 사람이 백돌을 쥐면 상대는 바둑판 위에 흑돌을 홀수
또는 짝수로 놓아 백돌의 홀짝을 예측한다. 알아맞히면 돌의 흑백을 선택할 수 있다.

25

비릿한 미소를 감추는 섭위평.

반면 훈현은 한 치의 흔들림도 없다.

훈현 쪽 바둑판 앞에 가지런히 놓인 기다란 장미 담배 세 갑.

일본인 심판이 대국 개시를 선언하자 목례를 나누는 두 사람.

자막   '제1회 응창기배[*] 결승 최종국. 조훈현 9단 : 섭위평 9단'

곧장 장미 담배를 피워 문 훈현이 날카로운 안광을 뿜어낸다.

바둑판 위에 타악- 경쾌하게 놓이는 훈현의 흑돌.

타이틀   승부, The Match

S#3 뉴스릴 화면 / 서울 시내 | 낮

— 뉴스릴 화면

뉴스 앵커 입신의 경지에 들어선 우리나라의 조훈현 9단이

제1회 응창기배 바둑대회 최종 대국에서

● 대만의 재벌이자 바둑 애호가인 응창기가 창설한 국제 바둑대회. 4년마다 열리는
　바둑 올림픽.

대륙의 반달곰, 섭위평 9단을 물리치고
세계 바둑 최고봉에 우뚝 섰습니다….

"지금 같으면 바둑의 신과 둔다 해도 질 것 같지 않습니다."
자신감 넘치는 훈현의 인터뷰.
결승 대국 스케치에 이어 응창기배 트로피를 번쩍 들어 올리는
훈현의 모습이 스쳐 지나간다.

— 서울 시내 | 낮

터미널 대합실, 전파상 등 도심 곳곳에 흐르는 훈현 관련 뉴스.

훈현의 일대기를 요약한 보도 화면에 이어

훈현의 귀국 소식을 전하는 뉴스가 흐른다.

공항 입국장에서 연신 훈현의 이름을 연호하는 시민들.

김포에서 종로까지 이어지는 카퍼레이드.

꽃목걸이를 걸친 훈현과 승필이 어색하게 손을 흔든다.

퍼레이드 차에 부착된 플래카드, '환영!!! 장하다 조훈현'.

S#4   도심 공원 | 낮

'응창기배 우승 기념, 프로 기사와 함께하는 지도 다면기°'

플래카드 아래로 경품, '금성 세탁기'가 위용을 뽐낸다.

식전 이벤트로 진행되는 묘수풀이.

중년 사내 하나가 아쉬운 듯 돌아서자,

차례를 기다리던 다음 도전자가 바둑판 앞에 앉는다.

한쪽에서 이 광경을 흡족하게 지켜보고 선

○   한 사람이 여러 사람을 상대로 동시에 대국하는 일, 또는 그런 바둑. 주로 프로
     기사가 아마추어 애호가들에게 지도기(指導棋)로 베풀 때 한다.

날카로운 인상의 백 사범(44). 훈현과 승필이 다가선다.

훈현　　문제가 너무 어려운 거 아니에요?

　　　　저거 프로들도 뚝딱 못 풀어요.

　　　　오늘 당첨자 하나도 안 나오겠는데….

백 사범　적당히 구색만 맞추면 되지.

　　　　협회 재정 휘청대는 거 몰라?

　　　　이런 게 짬밥이고, 노하우다 이 말이야.

　　　　좀 보고들 배워.

훈현과 승필이 눈을 흘기는데, 행사장이 소란스럽다.

불안한 얼굴로 다가가는 백 사범.

뒤따르던 훈현의 눈에 바둑판 앞에 앉은 창호(9)가 들어온다.

돌 몇 개를 이리저리 늘어놓더니

흑돌 하나를 턱 하니 올려놓는 창호.

"풀었네. 맞지?", "와 이걸 잡네?" 술렁이는 구경꾼들 사이로

백 사범이 얼굴을 구긴다.

승필　　아이고, 이거 한 수 잘 배웠습니다. 백 사범님.

승필을 노려보는 백 사범.

대수롭지 않다는 듯 바나나 우유를 들이켜는 창호.

훈현의 시선이 흥미롭다는 듯 창호에게 꽂힌다.

(Cut To)

지도 다면기가 한창인 행사장.

바둑판 앞에 선 승필이 연신 진땀을 흘린다.

"몇 살이래?", "고놈 참 기가 막히네", "아까 사활 푼 놈 아녀?"

구경꾼들의 감탄에도 대수롭지 않다는 듯

바나나 우유를 들이켜는 창호.

인파를 비집고 들어선 프로 기사,

용각(28)이 훈현 들으라는 듯 한껏 오버한다.

용각　　아이고~ 우리 천 사범님, 똥줄 타네. 욕본다. 욕봐.

승필, 창호 쪽을 힐끗 쳐다보는 훈현.

용각이 지금이라는 듯 신호를 주자

창호의 할아버지 화춘(63)과 김 영감(64), 박 영감(62)이

바람을 잡기 시작한다.

화춘　　저놈이 전주 바둑 신동인디…

　　　　바둑 배운 지 반년도 안 됐댜.

31

김 영감   …전주, 아니… 남도에서 적수가 없다던디!

창호   (승필 보며) 저기… 끝난 거 겉은디 그만허시죠?

궁지에 몰린 승필이 무심결에
소주병이 꽂힌 뒷주머니로 손을 뻗는데,

훈현   아직 안 끝난 거 같은데…?

창호   예…? 아닌디요? 끝났는디요…?

훈현   …괜찮으면 내가… 이어서 둬도 될까…?

상관없다는 듯 어깨를 으쓱하는 창호.
훈현이 승필의 자리를 꿰차자, 소기의 목적을 달성했다는 듯
서로의 손을 움켜잡는 화춘과 영감들.
훈현의 착수에 잠시 고민하던 창호가 응수한다.
탁탁- 거침없이 바둑돌을 주고받는 두 사람.
훈현이 탁- 하고 백돌을 놓자, 순간 창호의 표정이 굳어진다.
"에헤이~ 아다리네", "역시 조 국수야. 이걸 뒤집네"
질끈 아랫입술을 깨무는 창호.

훈현   …비긴 걸로 하고… 그만할까…?

오기가 발동한 창호가 고개를 젓더니,

씩씩대며 다시 흑돌을 놓는다.

별수 없단 듯 백돌을 놓고 창호의 흑돌 여섯 점을 따내는 훈현.

훈현   원래 유리한 바둑이 더 이기기 힘든 법이다….

훈현이 창호를 힐끔 쳐다보고는

승필 등 일행들과 자리를 뜨는데,

분한 듯 몸을 부르르 떨던 창호가 황급히 훈현 일행을 막아선다.

창호   (씩씩대며) 한 판 더 둬요!!!

화춘   너 또 왜 이려…?! 그만혀!

승필   대끼 이놈! 어린놈이 버르장머리 없이….

            저리 안 비키나?

창호   하수는 저짝으로 쫌 빠져 계시고요….

            (훈현 보며) 한 판 더 두자고요!

            다시 붙어불믄 나가 이긴당께요!!!

훈현   (흥미롭게 보다) 너, 이름이 뭐니?

창호   (씩씩거리며) 창혼디요…. 이창호.

잠시 창호를 바라보던 훈현이 말없이 바둑판 앞에 다가서더니,

바둑판 위에 무작위로 흩어진 바둑알로
뚝딱 사활 문제●를 만든다.

훈현   창호 너, 아까 보니 사활도 곧잘 풀던데?

이것도 풀 수 있겠어?

(마지막 돌을 탁 놓으며) 흑의 활로를 찾아라.

"흑이라고?!" 의아하다는 듯 훈현을 쳐다보는 승필과 용각.

훈현   이걸 풀어 오면, 한 판 더 두도록 하마.

창호   참말이지라? 약속 꼭 지키셔요.

난중에 딴소리허기 없기요!!!

S#5   도심 공원 | 낮

───────────────────────────────

— 공원 앞 도로 | 낮

화춘에게 떠밀리듯 택시에 올라타는 창호.

● 바둑에서 사활의 해법을 묻는 문제. 수읽기와 감각을 기르는 효과를 준다.
바둑수 해법 문제의 전형.

창호	(씩씩대며) 할아버지. 근디 저 아저씨는
	뭐 더는 분이대요?
화춘	(기가 찬 듯) 어허… 바둑 두겠다는 놈이….
	너 접때 뉴스 안 봤냐? 저 양반이 조훈현
	9단이여….
	바둑 세계 남바완!!!

'조훈현'이란 말에 창호가 놀란 눈으로
멀찌감치 서 있는 훈현을 바라본다.

― 도심 공원 | 낮

훈현과 승필에게 믹스커피를 건네는 용각.

용각	같은 경주 이 씹니다. 집안 어른이 하도 말씀을
	하시길래 함 델꼬 와봐라 했는데….
	뭐… 아치고는 쎄네요.
승필	똘콩만 한 게…. 저거 성깔이 보통 아니네.
	조카야? 뭐야?
용각	저도 오늘 첨 봤어요. 족보가 완전 개 꼬이가꼬,
	지보다 항렬이 높답니다.

팔자에도 없는 당숙 모시게 생겼네….

훈현   (승필 보며) 몇 점 깔고 뒀어?

민망한 듯 손가락 네 개를 스윽 펼쳐 보이는 승필.

훈현   (예사롭지 않다) 반년 만에 프로랑 넉 점 치수라….

용각   근데… 백이 아니라 흑이라꼬예?
         조 국수님이 뭐 착각한 거 아입니까?

훈현   (씩 웃으며) 착각? 내가…?

승필   하여튼 심보 고약한 거 봐라.
         애 괜히 혼란스럽게….
         거 왜 답도 없는 문제를 내주고 그래?

훈현   원래 답이 없는 게 바둑이잖아….
         (멈춰 서며) 듣도 보도 못한 바둑이야.
         행마°도, 포석°도 뒤죽박죽인데
         묘하게 힘이 있어.

세탁기를 트렁크에 욱여넣은 채 멀어지는 택시를
훈현이 넌지시 바라본다.

○   바둑돌이 나아가는 방향이나 모양.
●   바둑을 유리하게 이끌기 위한 초반 작전.

째깍째깍 시계 초침 소리로 가득한 시계방.

고심하던 창호가 연필로 메모지에 뭔가를 그리기 시작한다.

테이블 위에 바둑알이 그려진 메모지들이 잔뜩 널브러져 있다.

창호의 맞은편에 둘러앉은 화춘과 영감들의 시선이

창호의 손끝을 향한다.

"이번엔 푼 겨?", "어째 될 것도 겉은디?",

"젖히고, 밀고, 빠지면…", 영감들의 설레발이 거슬렸는지

탁! 연필을 내려놓는 창호.

창호　　아따 쫌! 거 정신 사나워 죽겄네.

　　　　　지가 오늘은 쪼까 집중을 허야 된다고 혔잖아요!

　　　　　이라고 빤히 쳐다블믄 될 일도 안 되겄어라.

　　　　　어차피 봐도 암것도 모름시로….

창호의 말에 마음이 상한 듯 영감들의 표정이 구겨지는데,

화춘　　잉~ 그려그려. 우리 손주 큰일 해야 항게….

　　　　　우린 나가서 탁주나 한 사발씩 허자고….

　　　　　내가 살게.

툴툴대는 영감들을 시계점 밖으로 내모는 화춘.

작업대에서 시계 수리를 하던 창호의 아버지,

재룡(36)이 못마땅한 얼굴로 창호를 쳐다본다.

재룡　　너 숙제 안 해? 하루 종일 그러고 앉아 있을 겨?

재룡의 말이 들리지 않는 듯 창호는 훈현의 사활 문제에 몰두한다.

그런 창호를 보며 나지막이 한숨을 쉬는 재룡.

S#7　한림일보 | 낮

— 엘리베이터 | 낮

백 사범　　삼대독자에… 애지중지하는 손자 놈이래.

대충 잘한다, 기재°가 있다 적당히 비위나 맞춰.

한 두어 달 지도 바둑이나 몇 판 둬주면 돼.

나머진 내가 알아서 할 테니까….

ㅇ　바둑을 잘 두는 재능.

훈현의 군은 얼굴이 불안했던지 재차 강조하는 백 사범.

백 사범   조 국수. 제일 빵빵한 스폰이야.

            대마라고, 내마! 알겠지?

— 회장실 | 낮

딱 봐도 고급스러워 보이는 거북이 모양의 바둑판.

거드름을 피우며 뻐딱한 자세로 착수하는 10대 중반의 소년을

훈현이 못마땅하게 바라본다.

수순이 진행될 때마다 "이야 기가 막히네",

"어린 친구가 기풍●이 호방해. 안 그래?" 하며

기막히게 추임새를 넣는 백 사범.

윤 회장   (흐뭇하게 손자를 보며)

            내가 기원 1급인데 말이야.

            글쎄 이놈이랑 열 판을 두면 한 판 이길까 말까야.

            주변에서 하도 신동이다 뭐다

            헛바람을 집어넣으니까… 참, 나.

● 바둑을 둘 때 나타나는 기사의 독특한 개성.

이거 가업을 이어야 하는데,

이깟 돌 놀이에 빠져가지고….

'이깟?' 훈현의 눈살이 찌푸려진다.

백 사범	요즘은 우리 조 국수 덕에
	바둑 위상이 많이 올라왔습니다.
	국제 기전도 많이 생겨나고 있고….
	바둑으로 국위선양 하는 길도 나쁘진 않죠.
윤 회장	허허… 그런가…?
	그래, 조 국수님 보시기에 어떻소?
	이놈이… 기재가 있는 것 같소?
백 사범	(훈현의 대답을 가로챈다) 기재야 갈고닦으면
	솟아나는 거고….
	좋은 스승을 만나는 게 중요하죠?
	안 그렇습니까?
윤 회장	허허허… 그렇지. 그래서 말인데…
	우리 조 국수께서 이놈을 한 몇 달이라도
	거두어주시면 어떨까 싶은데….

답을 재촉하듯 물끄러미 훈현을 바라보는 백 사범.

윤 회장   사례는 내 섭섭잖게 해드리겠소.

              스폰도 화끈하게 하고….

참나못한 훈헌이 타악- 신경질적으로 바둑알을 놓는다.

훈현   그 돈으로 일찌감치 유학 보내서,

              가업이나 잇게 하시죠.

              그게… 이 친구 위하는 겁니다….

백 사범   (사색이 되어) 어허! 조… 조 국수! 왜 이래?!

윤 회장   (언짢다) 이거… 조 국수가 바둑만 둬서 그런가.

              사회생활이 영 젬병이구만….

              왜? 잘 가르칠 자신이 없소?

훈현   …죽어라 공부해도 안 되는 게 바둑입니다!

              천재가 아니면 키워봐야 소용없어요!

              (손자를 보며) 기재요? 없습니다.

              눈을 씻고 찾아봐도 없어요!!!

자리를 박차고 나가는 훈현.

심기가 불편해진 윤 회장의 얼굴이 시뻘겋게 달아오른다.

좌불안석인 백 사범.

— 사옥 앞 | 낮

백 사범 동냥이 싫으면 가만히나 있지, 왜 쪽박을 깨?!

내가 몇 달을 공들였는데….

그 양반 스폰이 얼만 줄이나 알아?!

훈현 동냥? 우리가 무슨 앵벌이요?

접대도 좋고, 스폰도 좋고, 다 좋은데…

바둑 가지고 장사는 하지 맙시다.

그깟 돌 놀이라잖아요…?! 배알도 없수?

택시를 잡아타고 사라지는 훈현을 보며
백 사범이 이를 바득바득 간다.

S#8 훈현 집 | 낮

— 거실 | 낮

훈현이 거실로 들어서자, 우편물을 가지고 놀던 민제(4)가
"아빠!" 하며 와락 달려든다.
환히 웃으며 민제를 번쩍 안아 올리는 훈현.

만삭의 몸을 이끌고 거실로 나온 훈현의 아내,

미화(30)가 어질러진 바닥을 보며 한숨을 쉰다.

미화　　　조민제! 엄마가 우편물 손대지 말라 그랬지?

미화의 꾸중에 훈현의 품에 얼굴을 파묻는 민제.

"놔둬. 내가 치울게"라며

훈현이 바닥에 떨어진 우편물들을 줍는데, 대국 통지서들 사이로

바둑알이 그려진 메모지가 눈에 들어온다.

'약속 꼭 지키셔요. ㅡ이창호 드림.'

사활 풀이의 수순을 살피던 훈현이 멈칫하며 놀란다.

S#9　프로 기사실 / 훈현 집 거실 | 해 질 녘

ㅡ 프로 기사실 | 해 질 녘

따르릉 전화벨 소리에 누워 자던 용각이

짜증스레 수화기를 집어 든다.

ㅡ 훈현 집 거실 | 해 질 녘

훈현	이 사범, 나 조훈현이요…. 그… 창호라고 했나?
	그때 그놈, 한 번 더 볼 수 있겠어?

S#10 국도 / 승필의 승용차 | 낮

"아마 나는 아직은 어린가 봐, 그런가 봐.
엄마야 나는 왜 자꾸만 기다리지…."
라디오에서 흐르는 조용필의 '고추잠자리'.
골난 표정으로 운전석에 앉은 승필.

승필	아니 무슨 콩나물국밥을 전주까지 가서 먹어?!
훈현	맛집이래. 원조라니까 뭐 좀 다르지 않을까?
	육수가 깊다거나… 뭐….

승필이 황당한 얼굴로 룸 미러 속 훈현을 쳐다보는데,
조수석에 앉아 있던 용각이 불쑥 승필 앞에 얼굴을 들이민다.

용각	거기 국물이 직입니다. 같이 나오는 수란도
	몽글몽글하니 별미고, 모주도 마 기똥차고!

승필이 눈을 부라리자, 슬그머니 창밖으로 고개를 돌리는 용각.

훈현	(달래듯) 이왕 가는 거 기분 좋게 갑시다.
	인상 좀 펴고! 인터뷰해 준다니까!
승필	어차피 해주지도 않을 인터뷰 가지고
	몇 년씩 사람을 부려먹냐?
	그러고 인마! 내가 니 운짱이야?
	왜 천날만날 회장님 자리에 앉아 있어?
훈현	조수석은 정신도 사납고… 눈이 너무 피로해.
	형은 공감이 잘 안되겠지만, 일류 기사들한텐…
	이 눈이 또 생명이거든.
승필	(훈현을 째려보다 용각을 향해) 너는 뭔데?
용각	지는 면허가 없어 가꼬….
	색약이라 시험도 몬 봤어요.

"가지가지들 해라."
본전도 못 찾은 승필이 씩씩대며 라디오 볼륨을 높인다.
'월간바둑' 로고가 큼지막하게 박힌 승필의 승용차가
국도를 내달린다.

S#11 李 시계점 | 낮

— 李 시계점 앞 | 낮

시계점 앞에 주차된 승필의 승용차.
화춘을 비롯한 영감들이 우르르 창가에 몰려 있고,
재룡이 무언가를 출입문에 붙인다. '금일 영업 종료' 팻말.

— 李 시계점 | 낮

바둑판 위에 놓인 흑돌 네 개. 창호가 돌 하나를 빼낸다.

창호   이번엔 석 점만 깔게요.

        대신! 지가 이기믄 바둑을 가르쳐주셔요.

훈현   …왜 나한테 배우고 싶은데…?

창호   아저씨 바둑이 젤 쎄다믄서요?

        우리나라 최고라던디…?

승필   어허 이놈, 이거 세상 돌아가는 물정을 도통 모르네.

        우리나라 최고라니, 세계 최고한테….

창호   아따 고수끼리 말 섞는디,

        거 하수가 와 자꾸 눈치 없이 끼어든다요?

승필	(발끈한다) 똘콩만 한 놈이 말하는 싸가지 보소.
	지난번에는 인마… 내가 넉 점 접어줘서 글치.
	호선으로 맞다이 까면… 니는 한 줌도 안 돼!
창호	(혼잣말) 고렇게까지 혀서
	어린애한테 이기고 싶을까…?

쌤통이라는 듯 키득대는 용각.

승필은 대꾸할 말이 없는 듯 순간 벙찐다.

훈현   니가 지면…? 니가 지면 나한테 뭘 해줄 건데?

빨대가 꽂힌 새 바나나 우유를

훈현 쪽으로 비장하게 들이미는 창호.

피식 웃는 훈현.

창호를 상대로 한 훈현의 두 번째 지도기가 시작된다.

— 시계점 앞 평상 | 해 질 녘

영감들의 막걸리 잔을 채우는 재룡.

"여그까지 내려왔음 다 된 겨", "이 사장, 거 아들 하나 잘 뒀어"

영감들의 설레발에 재룡이 쓴웃음을 짓는다.

초조한 듯 자리에 앉지 못하고,

곰방대를 문 채 시계점 안을 염탐하는 화춘.

— 李 시계점 | 저녁

바둑돌이 제법 놓인 바둑판.

무심한 얼굴로 바둑판을 응시하던 창호가 돌을 놓자,
바둑판을 살피던 훈현이 넌지시 창호를 바라본다.

훈현　　(혀를 차며) …이거 영 판이 짜이질 않는구만….

창호　　이번엔… 진짜 끝났죠?

훈현　　그래…. 이번엔 내가 졌다. 많이 세졌구나.

자신의 백돌 하나를 바둑판 모서리에 올려놓으며
돌을 던지는° 훈현.
밖에서 상황을 주시하던 화춘과 영감들도
은근슬쩍 시계방 안으로 들어오고,
바둑돌을 정리한 창호가 다시 흑돌 석 점을 바둑판 위에
탁 탁 탁 올린다.
태연히 바나나 우유를 들이켜는 창호.

용각　　아재… 또 두실라…꼬예?

창호　　(짐짓 근엄한) 시방 1 대 1잉게

　　　　　　끝은 봐야 허지 않겠는가?

훈현　　(물끄러미 창호를 바라보다)

○　바둑판 위, 의미 없는 자리에 돌을 놓아 패배를 인정하는 행위.

···창호 너는 바둑이 재밌니?

창호   ···징허죠. 지면 잠도 안 오고, 밥맛도 없고···.

고로커럼 분할 수가 없어라.

근디 이기믄 그게 또 그라고 재밌을 수가 없당께요.

고 맛에 바둑 두는 거 아니겠어라?

창호의 말에 폭소하는 좌중.

훈현이 피식 웃더니, 백돌 하나를 탁- 놓는다.

훈현   승부는··· 올라와서 가리자···.

자리에서 일어나는 훈현을 보며 아쉬운 듯 코를 훌쩍이는 창호.

훈현의 말에 좌중이 무슨 상황인가 싶은 얼굴로 서로를 쳐다본다.

승필도 영문을 모르겠다는 듯 훈현을 바라보는데

훈현   그리고··· 아저씨가 뭐야?

(스윽 승필을 보며) 하수같이···.

(창호를 향해) 다음부턴 선생님이라고 불러.

"선상님?" 훈현의 말에 잠시 어리둥절해하던 화춘 일행.

김 영감이 "됐다. 되었어!!!"라며 포효하자

그제야 상황 파악이 된 일행들이 얼싸안고 기뻐한다.

화춘	창호 너 뭣 허고 있냐?
	언능 선상님한테 절부터 올려.

화춘의 말에 손사래를 치는 훈현. 창호가 넙죽 절을 올리자,
난감한 표정의 용각도 덩달아 창호를 향해 맞절을 올린다.
당황한 표정으로 엉거주춤 자세를 낮추는 훈현.
먼발치에 선 재룡의 표정이 복잡하다.

S#12 콩나물국밥집 | 저녁

창호의 사활 풀이를 보며 화들짝 놀라는 용각.

용각	뭡니까? 금마, 아니… 창호 아재가 푼 겁니까…?
	(끄덕이는 훈현) 이야~ 신수네. 신수!
	와~ 이걸 이래 밀어젖힌다꼬?!
승필	이건 뭐 어쩌다 얻어걸린 거겠지!
	족보에도 없는 포석에…
	기본이 안 돼도 너무 안 돼 있잖아?

훈현	기본기야 차차 가르치면 되는 거고⋯.
	지난번과 같은 수법으로 뒀어.
	일부러 몇 수는 살짝 비틀었고⋯.
	근데, 그 녀석 며칠 사이에 파해법을 찾은 거야.
	(감탄) 아까 마지막 수가 들어오는데,
	글쎄⋯ 늑골이 뻐근하더라니까⋯.
승필	늑골이고 뭐고⋯ 사흘 걸러 대국하는 놈이⋯
	제자까지 들여서 뭘 어쩌겠다고?!
	제대로 가르칠 시간이나 있겠냐?
용각	(고개를 끄덕인다) 사실⋯ 우리끼리 얘기지만⋯
	조 국수님이 또 누굴 가르칠 만한 인성은⋯
	못 되지 않습니까⋯?

훈현이 정색하며 눈을 부라리자,
입을 다물고 모주를 들이켜는 용각.

승필	괜히 일 벌이지 말고, 그냥 대국에만 전념해.
	덜컥 제자로 들였다가 입단이라도 못 시켜봐라.
	가뜩이나 너 벼르고 있는 인간들 많은데,
	별의별 말 다 나올 거다.
훈현	그깟 입단이나 시킬 거면 데려가지도 않아.

문득… 궁금해졌어….

저놈 바둑이 커서 어떻게 되는지….

확고한 훈현의 태도에 승필이 "알아서 해"라며 모주를 들이켜는데,

용각　　아이고 낼모레 산달인데….

　　　　형수님이 욕 많이 보시겠네예.

용각의 말에 사색이 된 훈현이

아차 하며 일어나 공중전화로 향한다.

훈현　　(되돌아와 앉으며) 천 사범님,

　　　　형이 집사람한테 전화 좀 해주면 안 될까?

S#13　전주역 승강장 | 낮

차고 있던 묵직한 금시계를 풀어 창호의 팔목에 채워주는 화춘.

화춘　　이 할애비다 생각허고 항상 차고 댕겨야 혀.

　　　　내 새끼…. 지금이라도 가기 싫음 안 가도 돼.

53

그냥 할애비랑 집에 가까?

그렁그렁한 눈의 창호가 고개를 가로젓는다.

재룡   이왕 하기로 했으니까 원 없이 제대로 한번 해봐.

        대신에 아빠랑 약속했다?

        올해 입단 못 하면 바둑 그만두는 거야.

화춘   (눈을 흘기며) 어지간히 좀 혀. 먼 길 가는 애헌티.

        (창호 보며) 할애비한테 편지 자주 허고,

        가서 열심히 해야 헌다.

        밥 잘 먹고, 선생님 말씀 잘 듣고, 아프지 말고….

        알겄제?

화춘의 말에 "응" 하며 결연한 표정으로 대답하는 창호.

(Cut To)

창문 너머 화춘과 가족들을 바라보는 창호.

열차가 서서히 플랫폼을 떠난다.

S#14 한강철교 / 기차 | 낮

한강철교 위를 내달리는 기차. 용각이 연신 맥주를 들이켠다.
삶은 계란을 먹으며 창밖 풍경을 바라보는 창호.

S#15 훈현 집 | 낮

— 대문 앞 | 낮

땡동 초인종 소리.
소변이 급한지 몸을 배배 꼬던 용각이
다급하게 대문을 두드리기 시작한다.
그제야 "대문 부서지겠네"라며 마당으로 나오는 훈현.
문이 열리자, 용각이 "화장실!" 하며
쏜살같이 집 안으로 뛰어 들어가고,
훈현은 왜 저러나 싶은 얼굴로 용각을 바라본다.
상기된 얼굴로 꾸벅 인사하는 창호.

훈현   어서 와라. 먼 길 오느라 고생했다.

55

— 거실 | 낮

갓난아기 주위로 훈현의 식구들이 모여 앉아 있다.
꼬물거리는 아기가 마냥 신기한 창호.
훈현 부, 규상(64)은 그런 창호에게서 시선을 떼지 못한다.
안도한 표정으로 바지춤을 치켜올리며 화장실에서 나오는 용각.

용각　　(오버하며) 고놈 시원시원하게 자알~ 생겼네.
　　　　통뼈에 어깨도 딱 벌어진 게….
　　　　(규상을 향해) 아버님 소원 푸셨네요.
　　　　나중에 씨름시키면 딱이겠는데요?
규상　　(헛기침하며) 딸일세….

규상의 말에 당황한 용각이 눈을 질끈 감는다.
훈현이 짐부터 올리자며 창호, 용각과 함께 2층으로 올라가려는데,
용각이 때마침 젖병을 가지고 거실로 나오는 미화를 향해
만회라도 하려는 듯 입을 뗀다.

용각　　형수님. 어쨌든 축하드립니다.
　　　　한꺼번에 애를 둘씩이나 얻으셨네요.
미화　　듣고 보니 그러네요…. 창호라고 했지?

앞으로 잘 부탁해.

미화가 빙긋 웃으며 악수를 청하자 창호도 손을 내민다.

S#16   서재 | 해 질 녘

기보와 고서, 각종 트로피로 가득한 서재.

훈현   여기가 서재다.

          보고 싶은 책 있으면 언제든 꺼내 보고….

진열장 한쪽에 놓인 사진 액자들을 훑어보는 창호.

군복 차림으로 대국 중인 젊은 훈현의 사진, 일본 유학 시절

어린 훈현의 사진 등을 호기심 어린 눈으로 살피는 창호.

훈현   내가 딱 너만 할 때구나.

창호   이 할아부지는 누구신 게라?

사진 속 어린 훈현의 곁에 선 양복 차림의 노인을 가리키는 창호.

훈현	내 스승님이시다.
창호	워메 겁나 무섭게 생기셨구만요.
	연세가 어찌 되신대요?
훈현	…돌아가셨다. 오래전에….
	(사이) 넌 얼마나 좋으냐?
	선생이 이렇게 젊고, 팔팔하니….
창호	(혼잣말) 우리 할아부지가 가는 덴
	순서가 없다고 허던디…?

창호의 말에 훈현이 괜히 머쓱해진다.

S#17 거실 | 저녁

온 가족이 모인 저녁 식사.

규상	음…. 이강주라 그런가 취하질 않는구먼.
	역시 조선 3대 명주답네.
	(창호에게) 할아버지한테 꼭 감사하다고
	전해드려라.

58

단숨에 술잔을 털어 마시는 규상 뒤에

조그만 장식장이 놓여 있는데,

각종 아마추어 씨름 대회에서 입상한 황소 모양의 트로피들이다.

용각   (살갑게 잔을 채우며) 키야~ 아버님,

말술은 여전하시네요. 다시 샅바 메고 현역으로

뛰셔도 되겠는데요?

용각의 사탕발림이 싫지 않은 듯 껄껄 웃는 규상.

식사 중에도 창호에게서 눈을 떼지 못한다.

창호가 서툰 젓가락질로 생선을 집으려는데, 여의찮다.

이를 지켜보던 훈현이 무심히 가시 바른 생선을

창호의 밥 위에 올려준다.

미화   음식은 먹을 만하니?

창호   네, 맛나네요. 솜씨가 좋으시네요. 사모님!

용각   (잔을 채우며) 사모…님?

         사모님은 영… 아닌 거 같은데….

훈현   그래. 이제 한 식구나 다름없는데….

         호칭이 그러면 쓰나?

창호   아줌마라 허기도 뭣허고….

         지도 영 호칭이 거시기 헌게라.

용각   (격하게 끄덕이며) 맞습니다…. 호칭이라는 게 또…

         (넌지시 창호를 보며) 한번 꼬이니까 어렵드라고예.

미화   …작은엄마는 어때?

         그냥 작은엄마라고 불러. 괜찮지?

잠시 생각하던 창호가 맘에 든다는 듯

"네" 하고 웃으며 고개를 끄덕인다.

밥그릇을 비우는 창호를 보며 군침을 흘리던 규상이
아쉬운 듯 잔을 비운다.

    규상   아따 이놈 먹성 보소. 아깝다. 아까워.

                타고난 장사 체형인디.

    미화   창호, 밥 더 갖다줄까?

창호 네. 밥 쪼까 더 주셔요. 작은엄니.

밥그릇을 들고 주방으로 향하는 미화.

용각 아재···. 맨날 할배랑 붙어 자다가 이제 우짭니까?

무서워서 혼자 못 자는 거 아입니까?

창호 (발끈) 뭔 개 풀 뜯어 먹는 소린가.

넬모레믄 나도 열 살인디!

S#18 훈현 집 | 밤

— 창호 방 | 밤

바람에 달그락거리는 창문. 이불을 뒤집어쓴 채 불안에 떨던
창호가 작심한 듯 베개와 장난감 로봇을 들고 방을 나선다.

— 2층 거실 / 계단 | 밤

까치발을 들고 조심스레 계단을 내려가는 창호.

─ 규상 방 | 밤

빼꼼히 방문을 열고 들어온 창호가 모기장을 걷어내곤
규상 옆을 파고든다.
그제야 안정감을 찾은 듯 평온한 얼굴로 잠을 청하는 창호.

S#19 관철동 거리 / 한국기원 앞 | 낮

아스팔트 지열이 이글이글 끓어오른다.
도로 한쪽에서 휴식을 취하는 전경들 옆으로
붕~ 하얀 연기를 내뿜으며 지나가는 소독차.
연기가 걷히자 축 늘어진 반팔 티셔츠 차림에
쭈쭈바를 문 창호가 모습을 드러낸다.
기원 앞에 멈춰 서서 빌딩 외벽에 걸린 대형 플래카드를
올려다보는 창호. '경축! 조훈현 세계를 제패하다.'

S#20 한국기원 | 낮

─ 연구생실 | 낮

10대 연구생들이 대국 중이다.

물을 마시러 가다 창호를 발견하는 연구생1.

연구생1   뭐야? 아빠 찾으러 왔냐? 2층으로 내려가 봐.

창호   고것이 아니라… 저… 바둑 두러 왔는디요….

(Cut To)

진땀을 빼던 연구생1이 패배를 직감하고 돌을 던지자,

술렁이는 연구생들.

"다음은 누구여라?" 창호의 도발에 자리를 꿰찬 연구생2가

호기롭게 첫수를 놓는다.

탁! 날카롭게 왼손으로 응수한 창호가 맞은편을 보면

안경잡이 연구생3이 고개를 푹 떨구고 있다.

> **창호**　　(시시하다는 듯) 아따 영 거시기 해부네.
>
> 　　　　　여그서 누가 제일 잘 둔대요? 아니다.
>
> 　　　　　시간 없응게 그냥 한꺼번에 다 뎀비쇼.

(Cut To)

창호가 십여 명의 연구생들과 다면기를 벌인다. 흰 바둑돌을

한 움큼 쥔 채 돌아가며 연구생들과 대국을 펼치는 창호.

거침없는 창호의 착수에 당황하는 대국 상대들.

연구생들이 하나둘 창호에게 패하자,

지켜보던 동료 연구생들도 놀라움을 감추지 못한다.

의기양양하게 연구생4 앞에 다가선 창호.

> **창호**　　(탁- 백돌을 놓고는) 여그 한 집, 두 집 허고,

덤까지 보태믄 못해도 스무 집인디…. 뭐, 더 허요?

얼굴이 시뻘겋게 달아오른 연구생4가
하는 수 없이 툭 돌을 던진다.

— 프로 기사실 | 낮

프로 기사1이 상기된 얼굴로 기사실에 들어선다.

프로 기사1 이야~ 신동은 신동인가 보네.

연구생 애들이 하나같이 작살나던데…?

조 국수가 물건 하나 제대로 건졌어.

프로 기사2 조 국수가 괜히 전주까지 가서 데려왔겠어?

기재가 특출나겠지. 백 사범님, 쟤가 걔 맞죠?

세탁기 타 간 애?

백 사범 (빡이 친다) 그거야 소 뒷발에 쥐 잡은 거고….

설레발들 치지 마.

천재가 하루아침에 별 볼 일 없어지는 거

이 바닥에선 비일비재해.

누군 뭐 왕년에 신동 소리 못 들어본 줄 알아?

— 특설 대국장 | 낮

'제9기 국기전• 도전기 제4국' 플래카드.

바둑판을 마주한 훈현과 남기철(31).

두 라이벌이 상대방 몰래 날 선 시선을 주고받는다.

담배 한 모금을 길게 빨아들이고는 흑돌을 놓는 훈현.

"아… 거기가 아닌데…." 습관처럼 터져 나오는

훈현의 앓는 소리가 남기철의 신경을 긁는다.

입회인°으로 참관한 승필도 못 말리겠다는 듯

고개를 절레절레 흔든다.

"남기철 8단, 마지막 초읽기•입니다."

초읽기가 재개되자 초조한 듯 계시기°를 힐끔거리던 남기철이

떠밀리듯 돌을 놓는다. 순간 번뜩이는 훈현의 안광.

기다렸다는 듯 훈현이 절도 있게 응수하자

● 경향신문사가 주최하는 바둑대회.
○ 대국을 주관하여 진행하며, 승부를 선언하는 등 바둑에서 심판과 같은 일을 하는 사람.
● 규정된 제한 시간을 다 소비하기 전에 계시원이 해당 대국자에게 착수 제한 시간을 초 단위로 읽어주는 것.
○ 대국자의 소비 시간과 잔여 시간을 나타내는 시계.

남기철의 미간이 찌푸려진다.

훈현　　　(혀를 차며) 망했네. 저길 끊었어야 했는데….

　　　　　쪼다 같은 놈.

오른쪽 다리를 떨기 시작하는 훈현.
남기철이 아랫입술을 지그시 깨문다.

용각　　　(V.O) 나왔네. 털털이 신공….

― 검토실 | 낮

용각이 들고 있는 기록지 우측 상단에 쓰인 메모.
'조훈현 9단, 다리 떪.'

연구생　　뭔데요, 그게?

용각　　　조훈현이가 다리를 떨면 그 판은 무조건 잡는다.

　　　　　모르나? 야구로 치면… 그 선동열이가 불펜에서

　　　　　몸 푸는 거랑 똑같은 기다.

　　　　　상대방 입장에선 바둑 둘 맛 안 나지….

동료 기사1　세상에 착한 고수 없다더니….

하여튼 조 국수. 독하다 독해.

다 이긴 바둑을 뭔 30분씩 장고를 해?

용각   나는 돌 안 던지는 남 명인이 더 대단합디다.

저래 버팅기다가 더 험한 꼴 볼 긴데….

아이고~ 이놈의 조·남 시대. 지겹다, 지겨워….

— 특설 대국장 | 낮

남기철이 고심 끝에 착수하자, 막힘없이 곧장 응수하는 훈현.

궁지에 몰린 듯 초조한 표정의 남기철이

뚫어지게 바둑판을 보며 다시 집중하려는데,

훈현이 난데없이 노랫가락을 읊조리기 시작한다.

"보슬비가 소리~도 없이 이별 슬픈 부산 정거장.

잘 가세요. 잘 있어요…."

대국장에 퍼지는 '이별의 부산 정거장'.

올 게 왔다는 듯 눈을 질끈 감는 승필.

남기철이 독기 어린 표정으로 훈현을 쏘아본다.

이를 아는지 모르는지 구성지게 노래를 중얼거리는 훈현.

애써 분노를 삼키던 남기철의 손이 파르르 떨리더니,

이내 바둑판 위에 돌들이 지진이 일어난 것처럼

달그락대며 흔들린다.

터질 듯한 얼굴로 훈현을 노려보던 남기철이 탁!
신경질적으로 돌을 던지고 자리에서 일어난다.
대국장을 빠져나가는 남기철을 물끄러미 바라보는 훈현.

— 계단 / 로비 l 낮

계단을 지나 로비로 향하는 훈현과 승필.

승필	아이고 우리 남 명인….
	오늘 뿔이 단단히 난 거 같은데….
훈현	그래도 바둑알은 챙겨 담아야지.
	쯧쯧…. 대국 매너하고는….
승필	(기가 찬 듯)
	니가 지금 대국 매너 운운할 입장이냐?
	뭐? 보슬비가 소리도 없이?!
	제발 쫌! 둘이 작작 좀 해라, 작작.
훈현	이길 수 있을 때 확실히 밟아놔야…
	다음에 덜 힘들어…. 걱정 마쇼. 저 양반,
	또 칼 잔뜩 갈고 나올 테니까….
	남기철은 독이 바짝 올라야 재밌어.

승필이 징글징글하다는 듯 훈현을 바라보는데,
로비 한쪽에서 다가서는 용각.

    용각   아이고~ 조 국수님, 축하드립니다.

                오늘 선곡이 아주 끝내줬다면서요…? 허허….

                두 분 바둑이 아주 날이 갈수록 격렬해집니다.

                안 그렇습니까? 천 사범님.

    승필   그래…. 격렬하다 못해 아주 둘이 물고 뜯고,

                지지고 볶고 난리도 아니다….

                내일 조간 헤드라인도 기대된다, 기대돼.

    용각   원래 이… 스포츠라는 게

                또 스토리와 구도가 핵심 아입니까?

                그래야 보는 사람들도 재미가 있지. 허허!

자연스레 승필이 마시던 자양강장제를 뺏어 드는 용각.

    용각   참! 지금 창호, 아니… 창호 아재 때문에

                관철동이 완전 싹 다 디비졌습니다.

                연구생 애들이 추풍낙엽처럼 샤사삭

                쓰러졌다던데….

                조훈현이가 호랑이 새끼를 들였네,

천재네 신동이네, 마 소문이 자자~합니다.

훈현   (멈춰 서는 훈현) 이 사범. 혹여라도 창호 앞에서

천재니 신동이니 그런 소리 하지 마.

애한테 좋을 거 하나 없어.

승필   (거들 듯) 그래…. 만에 하나 창호 잘못되면

다~ 니 책임이다. 입조심해라.

훈현과 승필의 협공에 괜히 억울하다는 듯 머리를 긁적이는 용각.

승필   (슬 훈현의 눈치를 살핀다)

참, 조 국수. 저녁 먹어야지?

훈현   (딴청 피운다) 집사람이 오늘 빨리 들어오랬는데….

승필   아니…. 인터뷰는 도대체 언제 해줄 건데?!

나 쫌 살려주라. 위에서 쪼고 난리다.

한번 해줄 때도 됐잖아?!

귀를 틀어막고 잼싸게 자리를 뜨는 훈현.

승필이 맹렬히 뒤따른다.

승필   조 국수! 야! 조훈현! 조제비!!!

— 특설 대국장 | 낮

믹스커피를 들고 대국장으로 들어선 남기철.
한결 누그러진 얼굴이다.
복기●라도 하듯 바둑판을 바라보다
자신의 바둑돌을 챙겨 담는 남기철.

S#22 학교 앞 문구점 | 낮

학용품이며 잡다한 먹거리들이 널브러진 좌판.
국자를 들고 달고나를 만드는 아이들 옆으로
간이 오락기가 놓여 있는데, 오락기 앞에 앉은 창호가
쉴 새 없이 적들을 물리친다. 코를 찔찔 흘리는 꼬마부터
중·고등학생들까지 경외 어린 눈으로 창호를 바라본다.
문구점 안에서 지켜보던 주인이 시계를 힐끔 보더니
안 되겠다는 듯 밖으로 나온다. 적들의 공격을 현란하게 피하며
창호가 역습을 펼치자 여기저기서 탄성이 터져 나오는데,
툭 하고 꺼져버리는 화면.

● 바둑에서 한 번 두고 난 바둑의 판국을 비평하기 위해 두었던 대로 다시 처음부터
  놓아보는 일.

75

다들 무슨 일인가 싶은 표정인데 주인이

"왜 입구를 막고 서 있어? 안 할 거면 다들 집에 가!"라며

구경하던 꼬마들에게 애꿎은 화풀이를 해댄다.

어리둥절한 표정의 창호에게 은밀히 무언가를 쥐여주는 주인.

문구점 주인   저 밑에… 오락실 새로 생겼거든….

거기 가서 놀아.

창호가 손을 펴자, 동전 몇 개가 드러난다.

"앗싸~!" 하며 자리를 뜨는 창호.

오락기가 재부팅되며 랭킹 화면이 나타나는데,

'L.C.H' 창호의 이니셜이 도배되어 있다.

S#23   훈현 집 | 해 질 녘

— 집 앞 골목 | 해 질 녘

동전을 짤랑대며 신나게 앞서가는 창호 뒤로

훈현의 모습이 보인다.

"같이 가자." 훈현의 목소리에 뒤돌아 꾸벅 인사하는 창호.

— 마당 | 해 질 녘

마당에 들어서는 훈현과 창호를 미화가 맞는다.

창호   (꾸벅) 댕겨왔습니다!

미화   어? 둘이 같이 왔네….

훈현   오다 만났어.

미화   창호는? 잘하고 왔어?

창호   (연신 싱글벙글한다) 네, 작은엄마.

미화   (훈현 보며) 오늘 대국은… 어떻게 됐어…?

훈현   (무심히) 응? …졌지, 뭐….

미화가 못 말리겠다는 듯 훈현의 어깨를 툭 친다.
훈현과 창호의 팔짱을 끼는 미화.
세 사람이 나란히 집 안으로 향한다.

S#24 훈현 집 2층 거실 | 저녁

내심 칭찬을 기대하는 표정의 창호.
기보를 살피던 훈현의 미간이 찌푸려진다.

훈현	초반 포석도, 행마도, 수읽기도 모두 하나같이 엉망이야. 근데 그중에 뭐가 제일 엉망인지 알아? 바로 네 글러먹은 태도야!
창호	네? 지가 전부 다 이겼는디요…? 연구생 형들도 뭐 다들 별거 없던디?
훈현	승패가 다가 아냐! 바둑 배운 지 몇 달 되지도 않은 놈이…. 몇 년씩 공부한 선배들이 우스워? 유리하다고 설렁설렁 안일한 수나 남발하고…. 끝까지 최선을 다하는 게 예의야. 상대를 존중하는 법부터 배워!
창호	선생님도 허시잖아요? 다리 떨고, 콧노래 부르고….
훈현	(말문이 막힌다) 그건 달라…. 네가 최고가 되면 그때 해!!!

풀이 죽은 창호 앞에
낡은 바둑 기초 서적을 한 꾸러미 들이미는 훈현.

훈현	기초부터 차근차근히 다져.
창호	진즉에 다 본 건디요?

정석은 재미도 없고, 영 시시혀서….

훈현   (정색한다) 시시하다…?

(잠시 바둑판을 보더니) 흑, 백 어디가 좋아 보여?

창호   (왜 그러나 싶다) 지가 보기엔 백이….

바둑판을 180도 돌리는 훈현.

훈현   백을 쥐어….

백돌을 쥔 창호가 잠시 생각하다 착수하자,
훈현이 지체 없이 응수한다.

훈현   (탁-) 오래 생각한다고 좋은 수가 나는 게 아냐!

(탁-) 생각은 실력 없는 것들이나 하는 거야!

(탁-) 지금은 감각을 키울 때!

(탁-) 그렇다고 손이 불쑥 나가선 안 돼!

돌을 놓으며 매섭게 창호를 몰아붙이는 훈현.
주저하듯 창호가 돌을 놓자
"물러서지 마!", "바둑의 본질은 전투, 공격이야!"
움찔한 창호가 백돌을 놓자 훈현이 탁- 응수하는데,

창호의 얼굴에 아차 하는 표정이 스친다.

훈현   지금도… 백이 좋아 보여…?
창호   아뇨…. 흐, 흑이….

"흑을 쥐어"라며 흑백 바둑알 통의 위치를 바꾼 훈현이
곧장 착수하자 창호가 흑으로 응수한다. 탁탁- 진행되는 수순.
훈현이 백돌을 놓자, 바둑알을 쥔 창호의 손이 어느 순간
갈 곳을 잃은 듯 허공에서 방황한다.

훈현   니가 우습게 여기는 정석으로만 상대했는데,
힘 한번 못 쓰는 거야?
천재? 신동? 사람들이 하는 그딴 말 믿지 마.
니가 잘하는 건 계산, 암기뿐이야.
넌 그냥 바둑 흉내만 내고 있다고!
명심해. 바둑은 묘수가 아니라 정수로 이기는 거야.
까불지 말고 기본부터 익혀.

자리에서 일어난 훈현이 뒤돌아서다 말고 멈칫한다.

훈현   딴 건 몰라도 바둑을 둘 땐 오른손으로 둬.

그게 상대에 대한 최소한의 예의다.

"네" 하고 답하는 창호의 등이 땀으로 흥건하게 젖어 있다.

S#25   창호의 성장 몽타주

― 규상 방 | 아침

규상과 나란히 잠든 창호.
훈현이 여전히 한밤중인 창호를 효자손으로 흔들어 깨우자,
비몽사몽인 얼굴의 창호가 눈을 비비며 일어난다.

― 등산로 초입 | 아침

날랜 걸음으로 등산로를 오르는 훈현.
창호가 헉헉대며 뒤를 따른다.

훈현   모든 것은 체력이다….

불쑥 손이 나가는 경솔함, 대충 타협하려는 안일함,

조급히 승부를 보려는 오만함….

81

모두 체력이 무너지며 나오는 패배의 수순이다….

가쁜 숨을 쉴 새 없이 몰아쉬는 창호.

── 마당 | 낮

평상 위 바둑판을 마주한 훈현과 창호.
창호의 왼손이 바둑알 통으로 다가가자
"어허~" 하며 노려보는 훈현.
창호가 아차 하며 후다닥 바둑알을 오른손으로 옮겨 쥐고
"아뇨. 요렇게 하려고요"라며 훈현을 향해 씩 웃어 보인다.

── 목욕탕 | 낮

훈현과 창호, 민제가 나란히 줄지어 앉아 서로의 등을 민다.
훈현이 창호를 툭 치자 덩달아 민제의 어깨를 두드리는 창호.
방향을 바꿔 돌아앉은 세 사람이 상대의 등을 밀어준다.

── 인왕산 | 낮

매몰차게 앞서가는 훈현.

창호가 아쉬운 듯 약수터 쪽을 바라본다.

"뭐 해? 뒤처지지 말고 바짝 따라와."

훈현의 재촉에 원망 섞인 얼굴로 뒤를 따르는 창호.

— 창호 방 | 저녁

창호가 책상 앞에 앉아 있다.

'할아버지, 아픈 데 없지? 나는 잘 있어⋯.'

하품을 참아가며 화춘에게 편지를 쓰는 창호.

— 2층 거실 | 낮

창호가 무심코 왼손을 바둑알 통으로 가져가는데,

창호의 왼손 검지와 중지에 고무줄이 묶여 있다.

이미 예상했다는 듯 피식 웃는 훈현.

흑돌을 쥔 창호가 오른손으로 착수하자, 훈현이 곧장 응수한다.

창호가 훈현의 페이스에 맞춰 속도를 내는가 싶더니,

이내 탁 탁 리듬감 있게 바둑판을 메워나가는 바둑돌들.

창호가 절도 있게 탁! 하고 바둑돌을 놓고는 손을 거두는데,

보면 제법 어른티가 나는 까까머리의 창호다.

얼굴엔 여드름 자국이 울긋불긋하고,

어릴 때보다 살이 쏙 빠진 날랜 모습의 창호.
우스꽝스러워 보이던 손목시계도 이제는 꽤 잘 어울린다.
여전히 창호의 왼손 검지와 중지에 묶여 있는 고무줄.

— 목욕탕 | 낮

훌쩍 큰 민제(11)가 창호를 툭 치자,
덩달아 창호도 훈현의 어깨를 두드린다.
세 사람이 반대 방향으로 돌아앉아 바뀐 상대의 등을 민다.

— 바윗길 / 정상 | 아침

바윗길을 지나쳐 정상에 올라서는 훈현과 창호,
나란히 서서 도심의 전경을 내려다본다.

훈현   실력도, 집중력도, 심지어 정신력조차도
         종국엔 체력에서 나온다. 이기고 싶다면…
         마지막 한 수까지 버텨낼 체력부터 길러.

훈현의 말에 호흡을 가다듬은 창호가
"네, 선생님" 하고 대답한다.

S#26　한국기원 | 낮

─ 계단 / 복도 | 낮

계단을 오르던 남기철이 옥상에서 내려오는 짜장면 배달부와
마주친다. 기사실로 향하다 말고 의아한 듯 옥상 출입문 쪽을
바라보는 남기철.

─ 옥상 | 낮

휑하니 비어 있는 옥상.
남기철이 고개를 갸웃대며 뒤돌아서는데,
"후루루룩~" 들려오는 정체불명의 소리.
남기철이 옥상 구석 물탱크 쪽으로 다가가는데,
창호가 신문지를 펼쳐놓고 홀로 앉아 짜장면을 흡입 중이다.

　　남기철　　너 왜 밥을 여기서 먹니?

흠칫 놀란 창호가 멋쩍게 남기철을 올려다본다.

(Cut To)

"거 시킬 때 한꺼번에 좀 시키지" 하며 신경질적으로
탁 철가방을 내리는 배달부.
처음인 듯 후루룩 짜장면을 들이켜는 창호의 먹성에
남기철이 놀란다.

창호	서울 짜장면은 영 부실하네요. 계란프라이도
	없고….
남기철	(피식) 조 국수가 너 걷어 먹이려면
	등골 꽤나 빠지겠다. 허허….
	근데, 너 내가 누군지는 알지?
창호	네, 알죠. 남기철 사범님이시잖아요.
	저희 선생님 라이벌….

"라이벌은 무슨…."
남기철이 쓴웃음을 지으며 고량주를 따르는데,
술잔이 놓인 신문에 트로피를 든 훈현의 사진이 보인다.
'조훈현 우승, 또 우승!', '바둑 황제! 영토를 확장하다!'
등의 헤드라인들.

남기철	(잔을 비우고) 열심히 배워.
	니네 선생 디게 쎈 사람이야….

창호   (풀 죽은) 배운다고, 배워지는 건지도 모르겠어요.

         선생님 발끝이라도 따라가고 싶은데….

         매일 혼나기 바쁘고, 바둑은 늘지도 않고….

         (한숨) 전 아무래도 기재가 없나 봐요.

남기철   배우려고 하지 말고… 이길 궁리를 해봐.

         그럼 자연스레 배워질 게다.

         내가 니네 선생 상대할 때 그랬거든….

남기철의 말에 군만두를 집어 먹던 창호의 눈이 번득인다.

S#27   창호 방 | 저녁

창호 옆에 훈현의 지난 대국 기보와 정석 책들이 잔뜩 놓여 있다.
훈현의 기보대로 바둑돌을 늘어놓으며 바둑판을 채워나가는 창호.

창호   (감탄하며) 와, 겁나 빠르네.

         이걸 어떻게 잡아야 하나….

         맞받아쳐서는 답도 없고…. 주저앉아야 하나…?

고심을 거듭하던 창호가

문득 텅 비어 있는 맞은편을 쳐다보는데,

훈현이 앉아 있는 듯한 착각이 든다.

절도 있게 탁- 착수하고는, 어떻게 둘 거냐고 묻기라도 하듯

창호를 빤히 쳐다보는 훈현의 환영.

가상 대결이라도 하듯 바둑판을 보는 창호의 표정이

사뭇 진지하다.

창호　　　결국… 바둑은… 집 싸움인데….

S#28　거실 / 안방 | 밤

— 거실 | 밤

텅 빈 거실.

이따금 창호의 방에서 타악 탁- 바둑돌 소리가 들려온다.

주방에서 나온 미화가 창호 방을 슬쩍 쳐다보고는

안방으로 향한다.

— 안방 | 밤

잠든 윤선(4)을 토닥이는 훈현.

미화가 방으로 들어와 화장대 앞에 앉는다.

미화	창호는 늦게까지 열심이네. 어때, 잘 돼 가?
	곧 예선전 시작이지, 아마?
훈현	당장의 성적이 중요한 게 아니야….
	자기 바둑을 찾는 게 먼저지….
미화	생쌀 재촉한다고 밥이 되겠어?
	너무 몰아세우지만 말고, 어르고 달래가면서 해….
	아직 애잖아….
훈현	잘한다 응석 받아주다간 아무것도 못 해.
	남의 집 자식 데려다 대충 가르칠 수야 있나….
	최고로 키워야지….
	승부의 세계에선… 일류가 아닌 인생은
	너무 서글프거든….

S#29 한국기원 일반 대국실 / 창호 방 | 낮

— 한국기원 일반 대국실 | 낮

'대왕전 예선'이 벌어지는 일반 대국실.
생각처럼 되지 않는 듯 바둑판을 바라보는 창호의 얼굴이
잔뜩 굳어 있다.

창호　　(V.O) 할아버지. 참고, 버티는 바둑은 시시할 거라
　　　　　생각했는데…. 공격을 할 때보다 오히려 더
　　　　　신경 써야 할 게 많은 것 같아요.

ㅡ 창호 방 | 낮

책상 앞에 앉아 굳은 얼굴로 화춘에게 편지를 쓰는 창호.

ㅡ 한국기원 일반 대국실 | 낮

야속하게 흐르는 계시기 초침을 보며 초조해진 창호가
문득 상대를 쳐다보는데, 매서운 눈빛의 고 사범(48)이
담배 연기를 내뿜으며 자신을 노려본다.
냉큼 시선을 피하는 창호.
시간에 쫓긴 듯 창호가 오른손으로 착수하는데,
창호의 검은 바둑돌이 땀에 젖어 반들거린다.

창호   (V.O) 집 바둑으로 후반을 도모하려고 했는데,

       참아야 할 때마다 손이 불쑥 나가버렸어요.

       바보같이…. 해보고 싶은 게 있었는데,

       아무것도 못 해보고…. 갈수록 어려워져요.

       바둑이….

바둑판을 내려다보는 창호의 표정이 어둡다.

S#30 한국기원 옥상 | 낮

담뱃불을 붙이는 백 사범과 동료들.

싱글벙글한 백 사범과 달리,

동료 기사들의 표정이 잔뜩 구겨 있다.

백 사범   바둑판만 뚫어지게 본다고 수가 나나?

          난 글쎄… 그놈 대국 중에 잠든 줄 알았다니까?

프로 기사1 어린놈이… 무슨 바둑을

          육십 먹은 노인네처럼 둬?

          이걸 내리 두 판을 져버리네.

          강 사범, 얼마 태웠어?

프로 기사2 (한숨) 이십이요….

이번 달 대국료 싹 다 꼬라박게 생겼네.

조훈현이 제자라길래… 뭔가 있겠거니 했는데….

프로 기사1 난 삼십 날렸어. 완전 개 낚였지 뭐.

어릴 땐 똘망똘망하더니만 갈수록 왜 이래?

눈만 껌뻑껌뻑하면서 앉아 있고….

백 사범 첫 끗발이 개 끗발인 거 몰라?

쯧쯧. 명색이 프로라는 놈들이 이렇게 형세 판단을

못해서야…. 자자, 정산이나 하자고.

억울하면 묻고 더블로 가든가?

수첩을 꺼내 펼치는 백 사범.

동료 기사들이 만 원짜리 지폐를 세기 시작한다.

옥상 물탱크 한쪽에 쪼그려 앉은 창호의 얼굴이 굳어진다.

S#31 학교 앞 문구점 | 낮

___

무표정한 얼굴로 오락기 앞에 앉은 창호.

분풀이라도 하듯 창호의 격투 게임 캐릭터가

사정없이 적을 쓰러트린다.

S#32 지방 호텔 앞 | 저녁

장대비가 세차게 쏟아진다.

'동양증권배 결승. 조훈현 9단 : 요다 노리모토 9단'

입간판이 놓인 호텔 정문.

정문을 나서는 훈현을 승필이 뒤따른다.

승필　늦었는데, 자고 내일 같이 올라가지 왜?

　　　　창호 때문에 그래?

기어코 올라가겠다는 듯 "서울이요" 하며

택시를 잡아 세우는 훈현.

"야! 트로피는 가져가야지!"

훈현의 우승 트로피를 품에 안은 승필이

멀어지는 택시를 황당한 얼굴로 바라본다.

S#33 훈현 집 마당 | 밤

짐 가방을 받아 드는 미화.

미화	내일 온다더니?
훈현	뭐… 그렇게 됐어…. 창호는?

S#34   창호 방 | 밤

쾅 바닥에 내동댕이쳐지는 바둑알 통.
바둑알들이 사방으로 흩어진다.

훈현	(버럭) 거기가 아니잖아?! 우하귀 날일자!
	상변 붙이고, 뻗고! 밀고!
	책에서 배운 건 다 어따 팔아먹었어?!

고개 숙인 창호가 움찔한다.
"내일 얘기해"라며 방으로 들어서는 미화.

훈현	당신은 나가 있어.
미화	어떻게 맨날 이기냐?
	가뜩이나 져서 속상한 애를 왜 그렇게 다그쳐?
훈현	(단호한) 나가 있으라니까!!!

훈현의 말에 미화도 어쩌지 못하고 물러선다.

다시 기보를 살피는 훈현.

훈현	나가야 할 땐 참고, 참아야 할 땐 터뜨리고….
	왜 엇박자야?
창호	싸움이 일어나면 변수가 많아지니까….
	후반을 도모하는…
훈현	얘기했지?! 적당히 타협하고, 집이나 짓는 건
	바둑이 아니라고! 물고, 뜯고, 덤비고, 싸우라고!
창호	그건… 선생님 스타일이지… 저랑은 안 맞아요….
훈현	건방 떨지 마! 스타일? 기풍?
	그딴 거, 지고 나면 아무 소용없어!
	기본대로 해. 정석이 먼저야!!!
창호	…세상 모든 바둑이… 같아야 하는 건 아니잖아요?
훈현	순서가 있단 얘기야!!!
	돌 하나를 놓는 데도 이유가 있어야 하고,
	손을 빼는 데도 명분이 필요하단 얘기야!
	기초가 있어야! 응용도, 해석도, 기풍도 있는 거야!

훈현의 말에 창호도 더 이상 대꾸하지 않고 한발 물러선다.

기보를 살피다 바둑판 위 흑돌 하나를 손가락으로 가리키는 훈현.

훈현	(답답하단 듯) 여기서도 이쪽으로 뻗는 게
	당연한 수순인데… 왜 손을 빼?!
	이젠 아예 대놓고 반항이야?
창호	(망설이다) 그 수가 좋기는 한데….
	만에 하나 역전당할 위험이 있어서….
	근데… 여길 두면 백이면 백,
	제가 반집이라도 이기니까요….
훈현	백이면 백? 중앙은 집으로 만들기 힘들고
	변화무쌍한 곳이라 계산할 수 없다.
	프로들이 괜히 실리를 챙기는 게 아냐!
창호	저도 그건 아는데….
	계산이 가능할 수도 있겠다 싶어서….
	(바둑돌을 움직이며)
	그래서 제가 실험을 한번 해봤는데요….

창호의 대답에 순간 표정이 확 굳어지는 훈현,
손에 든 기보를 구겨 쥔다.

훈현	실험? 니가 아주 바둑이 우습구나?
	알량한 재주 하나 믿고 기본은 등한시하고,
	쓸데없이 고집이나 피우고! (한숨) 관두자.

배울 생각도 없는 놈한테… 화낼 이유도 없지.

일어나 방을 나서는 훈현.
덩그러니 남겨진 창호가 바둑알을 만지작댄다.

— 서재 | 밤

담배를 문 훈현이 답을 구하기라도 하듯
스승의 사진을 가만히 바라본다.
뭔가 생각난 듯 손에 쥐고 있던 창호의 기보를 펼쳐 보는 훈현.

S#35 훈현 집 | 아침

— 서재 | 아침

다 타버린 모기향.
밤을 꼬박 지새운 듯 초췌한 모습의 훈현이 담배 연기를 길게
내뿜는다. 블라인드를 걷자 쏟아지는 햇살.
책상 위엔 흑백의 돌들이 잔뜩 널브러져 있다.

훈현   (V.O) 바둑은 먼저 두는 쪽이 유리하다.

　　　　그래서 맞수끼리 바둑을 둘 땐 먼저 둔 쪽이

　　　　다섯 집 반을 공제한다. 그것이 덤이다.

― 창호 방 | 아침

텅 빈 창호의 방으로 들어서는 훈현의 눈에

문득 창호의 바둑판이 들어오는데,

네 귀° 화점●이 보이지 않을 정도로 희미하다.

얼마나 바둑돌을 많이 놓았는지 줄이 닳아버렸고,

어떤 곳은 아예 움푹 파여 있다.

훈현   (V.O) 여기서 '반집'은 무승부를 막기 위해

　　　　도입된 개념으로… 실제로 바둑판 위에

　　　　'반집'이라는 것은 존재하지 않는다.

― 2층 거실 | 아침

○　바둑판의 네 모서리 부분으로 실리와 근거 차지에 유리한 특성이 있어 초반 포석의
　　착점이 집중되는 곳.
●　바둑판에 찍혀 있는 아홉 개의 점.

훈현이 다리미로 무언가를 꾹꾹 눌러 다린다.

덧댄 헝겊을 걷어내는데,

S#34에서 훈현이 구겼던 창호의 기보다.

훈현　　　(V.O) 승부를 결정하는 최소 단위….

　　　　　　바둑판 위엔 존재하지 않는 반집.

　　　　　　어쩌면… 이놈은 다른 걸 보고 있는지도

　　　　　　모르겠다….

― 규상 방 | 아침

훈현이 조심스레 문을 여는데, 창호의 모습이 보이지 않는다.

― 거실 | 아침

두리번거리다 식탁 위에 놓인 편지를 발견한

훈현의 표정이 굳는다.

'선생님, 작은어머니. 그동안 감사했습니다.

죄송합니다. 창호 올림.'

— 대합실 | 아침

매표소 앞.
우두커니 선 창호가 목적지 표지판을 가만히 바라본다.

— 승강장 | 아침

전주행 버스가 승강장을 빠져나가자,
벤치에 앉은 창호의 모습이 드러난다.
가만히 손에 쥔 전주행 버스표.
심란한 얼굴로 생각에 잠겨 있던 창호가
풀린 운동화 끈을 묶으려는데, 여의치가 않다.
불쑥 다가와 앉은 훈현이 운동화 끈을 묶어주자,
창호가 화들짝 놀란다.

(Cut To)
승강장 벤치에 앉은 두 사람.
어색하게 바나나 우유를 들이켜는 훈현.
창호는 손도 대지 않았다.

훈현   (조심스레) …어제 니가 말한 반집… 말이다.

뭐… 완전 틀린 건 아니더라.

그렇다고 옳은 것도 아니야….

내가 아직 수를 못 찾았을 뿐이지….

가만히 훈현의 말을 듣는 창호.

훈현의 눈에 손목시계를 만지작대는 창호의 오른 검지 손톱이

들어오는데, 바둑돌에 닳고 닳은 듯 반들거린다.

훈현   답이 없는 게 바둑인데,

내가 너한테 답을 강요했다. 미안하다….

어설프게 뛸 바엔 또박또박 걷는 게 낫지….

니 바둑을 찾았으니 그걸로 됐어.

진솔한 스승의 사과에 어느새, 창호의 눈이 그렁그렁해진다.

훈현   쉽지 않은 길을 택했어…. 바둑 기사에게 기풍이란

삶을 어떻게 살아가겠다는 일종의 선언이다.

니가 내린 답이 그렇다면 책임감을 가져야 해.

바둑도… 인생도…. 알겠지?

훈현의 말에 그간의 설움이 북받친 듯 창호가 어깨를 들썩이더니
이내 울음을 터뜨린다.

당황한 훈현이 어색하게 창호의 등을 토닥인다.

S#37 목욕탕 사우나 | 낮

모래시계가 쉼 없이 떨어진다.

땀범벅인 채로 나란히 앉은 훈현과 창호.

창호 대국장만 들어가면 이상하게 집중이 안 돼요.

주위도 산만하고,

선배들 눈빛도 평소보다 사납고….

수도 다 읽히는 것만 같고….

훈현 그것이 기세다. 실전에선 기세가 팔 할이야.

설령 승부에선 지더라도 기세에서 밀리면 안 돼.

차라리 감춰. 니 생각, 감정, 숨소리까지….

그 어떤 것도 상대에게 드러내지 마.

창호 저도 알긴 아는데, 그게 말처럼 쉽지가 않아요….

훈현 …차차 나아질 게다.

익숙하고 편한 것들을 떠올려봐.

생각만 해도 맘이 편해지는 그런 것들….

평정심을 잃는 순간 바둑은 거기서 끝이다.

"네" 하고 대답하는 창호의 얼굴이 시뻘겋게 달아 있다.

한계에 다다른 듯 창호 몰래 가쁜 숨을 내쉬는 훈현.

훈현   …힘들면… 그만 나갈까…?

훈현의 말에 창호가 도발이라도 하듯

모래시계를 턱 하니 뒤집는다.

S#38 훈현 집 서재 | 낮

햇살이 쏟아지는 서재. 바둑판 위엔 백돌만이 가득하다.

훈현   색으로 돌을 구분하는 게 아니다.

모든 수엔 이유가 있어야 해….

(탁 돌을 놓으며) 집이란 자연스레 생기는 것이지,

억지로 지어지는 게 아냐.

(탁-) 돌 하나하나를 잘 돌봐. 그러다 보면

자연스레 돌들이 서로 어우러질 거야.

아직은 이해하기 버거운 듯
창호가 착수할 때마다 이따금 주저한다.

훈현   남의 돌을 잡으려 말고, 니 돌을 버려.
그럼 바둑은 는다.

훈현의 말을 곱씹으며,
느릿하지만 진중한 표정으로 돌을 놓는 창호.
창호의 수가 나쁘지 않았던지,
훈현이 흡족하다는 듯 고개를 끄덕인다.
서로를 응시하는 스승과 제자.
두 사람 모두 한결 성장한 느낌이다.

S#39 　한국기원 일반 대국실 / 유전 다방 / 李 시계점 | 낮

— 일반 대국실 | 낮

무표정한 얼굴로 바둑판을 바라보던 창호가 바둑돌을 놓는다.

— 유전 다방 | 낮

훈현과 승필, 용각이 테이블에 앉아 있다.

성냥개비로 탑을 쌓는 훈현.

승필　(훈현 보며) 안 올라가 봐도 돼?

훈현　(덤덤하다) 응. 안 가봐도 돼.

용각　(계란 띄운 쌍화차를 마시며)

　　　아이고~ 우리 창호 아재, 하필 만나도

　　　산전수전 다 겪은 고 사범을 또 만나노…?

훈현　누가 누굴 걱정해?

　　　다들 창호한테 안 잡아먹힐 궁리나 해.

무슨 소리냐는 듯 훈현을 바라보는 승필과 용각.

훈현　(신난 듯) 특이한 놈이야.

　　　복기도 제대로 못하는 놈이…

　　　희한하게 바둑은 계속 늘어요.

— 일반 대국실 | 낮

대국에 임하는 창호의 모습 위로

훈현   (V.O) 초반 포석은 허술하고, 행마도 느릿한데
          형세는 또 묘하게 맞춰 가.
          계산은 또… 나보다 나은 거 같기도 하고….

S#29의 고 사범이 초조한 얼굴로 착수하자,
곧장 장고에 빠지는 창호.

— 유전 다방 | 낮

승필   그놈… 요새도 육십 먹은 영감처럼 바둑 두냐?
훈현   (피식) 아니…. 팔십!

— 일반 대국실 | 낮

장고 끝에 돌을 놓는 창호.
고 사범이 답답하다는 듯 창호를 향해 담배 연기를 길게 내뿜는데,
창호는 전혀 신경 쓰지 않는 듯 무표정한 얼굴이다.

창호   (V.O) 전엔 무작정 싸우는 게 좋았는데,

이제는 전투가 벌어지면 실수를 할까 봐
오히려 걱정부터 앞서요.
되도록 싸움은 피하려고요.
어차피 바둑은… 실수를 적게 하는 쪽이 이기니까.

얼마 남지 않은 머리를 쥐어뜯으며 고심 끝에 착수하는 고 사범.
천천히 바둑돌을 집는 창호의 모습 위로

창호　　　(V.O) 할아버지, 이제야 제 바둑을 찾은 거 같아요.
　　　　　　조금은 투박해도, 선생님처럼 화려하진 않아도…
　　　　　　절대, 누구에게도 지지 않는 바둑을 둘 거예요.

창호의 착수에, 고 사범이 탁- 신경질적으로 돌을 던진다.
"이창호 3단, 불계승입니다."
입회인의 승리 선언에도 흔들림 없는 창호의 모습이
마치 돌부처 같다.

창호　　　좋은 가르침 감사합니다.

꾸벅 묵례하는 창호를 보고는,
부들대며 자리를 박차고 나가는 고 사범.

— 전북대학교 병원 병실 | 낮

병상에 누운 화춘이 흐뭇한 얼굴로 창호의 편지를 읽는다.

S#40 양복점 | 낮

가봉된 정장을 입고 선 창호. 다소 넉넉한 사이즈 탓에
아직은 앳된 아이처럼 보이기도 한다.
소매와 바짓단을 꼼꼼히 살피는 미화.

미화　　　한창 클 때라, 조금 여유 있게 맞추는 게 좋아….
　　　　　우리 창호, 멋지네. 이제 장가보내도 되겠는데?

거울에 비친 자기 모습이 낯설고, 어색한지
멋쩍은 웃음을 짓는 창호.
미화가 갈색 넥타이를 창호의 얼굴에 대어보는데,
훈현이 불쑥 진한 와인색 넥타이를 들이민다.

훈현　　　(쭈뼛거리며) 이게… 낫지 않나…?
미화　　　너무 튀는 것 같은데….

창호 니가 골라. 마음에 드는 걸로.

창호   음…. (고민하더니) 전… 이게 더 나은 거 같아요….

창호가 갈색 넥타이를 집어 들자,

미화   (훈현 들으라는 듯) 역시! 창호가 보는 눈이 있네.

민망했던지 헛기침을 하는 훈현. 창호도 괜히 딴청을 피운다.

S#41   훈현 집 마당 | 낮

프라이팬에 삼겹살이 노릇노릇 익어간다.
집게로 삼겹살을 집어 먹은 승필이
"아따 고기 좋네"라며 접시에 고기를 담아낸다.
윤선을 살뜰히 챙기는 창호.

승필   연희동이 확실히 터가 좋긴 좋은가 봅니다.

        한집에 잘나가는 프로 기사가 둘씩이나 있고….

        아버님, 이참에 저도 이리로 이사 올까요?

규상   천 사범은 터가 아니라 그놈의 술이 문제야.

그렇게 들이붓다가는 될 일도 안 되겠구먼.

승필   아버님까지 그러시면 저 섭섭합니다!

바둑판에 술 한 방울도 못 하는 (훈현을 가리키며)

저런 선비들만 있으면 뭔 재미가 있겠습니까?

이게 다 캐릭텁니다, 캐릭터.

(소주병 빼 들며) '관철동 쌍권총!' 모릅니까?

승필이 카우보이 흉내를 내자, 한바탕 웃음이 터져 나온다.

용각   아재, 축하드립니다.

벌써 본선 진출이면 뭐… 페이스가 나쁘진 않네요.

(훈현 보며) 이러다가 우리 조 국수님,

진짜로 호랑이 새끼한테 잡아먹히는 거 아입니까?

흠칫하며 스승을 바라보는 창호.

훈현이 가당치 않다는 듯 헛웃음을 짓는다.

훈현   잡고 싶어도… 그때쯤이면 난 은퇴하고 없을걸?

(사이)

저기 두 사람은 뭐… 충분히 해볼 만할 게다….

훈현의 말에 눈을 부라리는 승필과 용각.

미화 우리… 오늘 같은 날,

사진 하나 박아야 하지 않겠어요? 저기 천 사범님,

저희 식구, 가족사진 하나만 찍어주세요.

(Cut To)

카메라 앞에 선 훈현의 가족들. 창호도 곁에 서 있다.

승필 하나, 둘… 창호야! 좀 웃어라, 웃어.

왜 죽상을 하고 있냐?

승필의 말에 훈현의 가족들이 일제히 창호를 바라본다.

훈현 (힐끗 창호를 보고는) 왜 그래? 잘 웃고 있구만….

승필 (의아한) 어? 그런 거야?

자 찍습니다. 하나, 둘! (찰칵)

S#42 ？시계점 | 낮

셔터가 굳게 내린 시계점 거리에 나부끼는 플래카드.
'경주 이씨 이화춘의 손자, 이창호 三단. 최고위전 본선 진출
— 경주 이씨 종친회.'

S#43   전북대학교 병원 병실 | 낮

병색이 완연한 얼굴로 바둑 잡지를 펼쳐 든 화춘.
'무서운 신예의 돌풍', '선생님처럼 세계 최고가 되고 싶어요'
헤드라인 아래로 어색하게 착수 동작을 취하는
창호의 사진이 보인다.

화춘   장허다. 우리 손주….

아니, 이제 이 국수라 불러야제.

이 할애빈 끄떡없응게 걱정하덜 말고….

기왕지사 시작했응게… 세계 최고가 돼야 헌다.

알겠제? 할애비랑 약속혀.

눈가가 촉촉해진 창호가 알겠노라 겨우 답한다.

S#44　한국기원 | 낮

— 일반 대국실 | 낮

'최고위전 본선'이 벌어지는 대회장.

창호와 승필이 대국을 벌인다.

전에 없이 진중한 얼굴로 장고에 빠져 있던 승필이

맞은편에 앉은 창호를 매섭게 노려본다.

그런 승필의 시선을 아는지 모르는지

묵묵히 바둑판을 내려다보다 착수하는 창호.

날선 표정을 거둔 승필이 탁- 돌을 던진다.

　승필　　아이고 아부지요…. 내가 이 수를 못 봤네.

　　　　　　(창호 보며) 우리 똘콩! 마이 쎄졌네.

　　　　　　넉 점 접어주던 게 엊그제 같은데….

　창호　　제가 운이 좋았던 것 같습니다.

　승필　　자슥아. 운도 다 실력인 기라. 밥이나 무러 가자.

　　　　　　고수가 하수한테 밥 한 끼 사야 안 되겠나? 어?

— 복도 / 특별 대국실 앞 | 낮

선배에게 거둔 승리가 맘에 걸렸던지 다소 위축되어 보이는 창호.

승필   (툭 어깨동무하며) 누가 보믄 내가 이긴 줄 알겠네.

이긴 놈이 와 이라고 있노?

어깨 피고! 지갑 가져왔제?

승필이 농을 던지자 창호의 표정도 한결 가벼워진다.

복도를 지나던 창호가 문득 걸음을 멈춘다.

반쯤 열린 문틈 사이로 보이는 텅 빈 특별 대국실.

승필　　참 볼품없제? 이래 봬도 수많은 고수들의

　　　　　피땀이 스며 있는 곳이다. 살벌한 전쟁터지….

　　　　　다들 여기서 바둑 한번 둬볼라고…

　　　　　이렇게 아등바등하는 거 아니겠냐?

창호가 물끄러미 특별 대국실 안을 응시한다.

S#45　창호 방 | 저녁

훈현과 창호가 마주 앉아 승필과의 대국을 복기한다.

기보를 보며 바둑돌 없이 손가락으로 위치를 짚어가며

의견을 주고받는 두 사람.

훈현　　아주 갈지자 행마로구만.

　　　　　천 사범 또 많이 퍼마셨지?

116

창호   (피식 웃으며) 네….

훈현   (바둑판 한 곳을 가리키며) 이곳이 패착이었다….

        근데, 여기선 흑이 이렇게 젖히는 게

        더 나아 보이는데…?

창호   크게 이득을 볼 수 있긴 한데…

        혹시라도 빌미를 줄까 봐….

훈현   (빤히 쳐다보며) 그래도…

        여기를 끊는 게 간명하지 않아?

훈현과 생각이 다르다는 듯 창호는 입을 꾹 다문 채 말이 없다.

훈현   돌다리를 두드리다 못해

        이젠 아예 빙 둘러 가는구나….

        여기서 흑이 이렇게 갈라치지 않았더라면…

        팽팽한 국면으로 흐를 수도 있었어….

창호   저도 생각은 했습니다.

        그러면 이쪽으로 빠지거나, 저쪽을 때리면….

창호가 손가락으로 몇 군데를 집어내자,
훈현도 수긍하듯 고개를 끄덕인다.

훈현	뭐… 썩 맘에 드는 건 아닌데,
	이만하면 어디 가서 선생 욕은 안 먹이겠구나….
	다음 상대는?
창호	…남기철 사범님이요….
	(흠칫하는 훈현) 안 그래도 걱정입니다.
	남 사범님 바둑이 워낙 매서워서….
훈현	질긴 바둑이다…. 물러서기 시작하면 얕잡아 보고
	여기저기 치고 들어올 게야.
	초반부터 강하게 밀어붙여야 해.
창호	꾹 참고 지키려고요….
훈현	어허. 이놈이….
창호	(씩 웃으며) 제 바둑을 찾으라고 하셨잖아요?
훈현	그래서…? 상관 마라?!
창호	믿어달라고요.
훈현	(별수 없다) 그래…. 욕심 없이 되는 일도 없지만,
	욕심대로 되는 일도 없다.
	한 수 배운다 생각하고 맘 편히 둬.
창호	아뇨. 한번… 이겨볼 생각입니다.

훈현이 물끄러미 창호를 바라보는데,

나지막하지만 힘주어 말하는 창호의 눈빛이 예사롭지 않다.

창호도 훈현의 시선을 굳이 피하지 않고 응시하는데,

갑자기 깜빡이기 시작하는 형광등.

두 사람이 동시에 천장을 올려다본다.

(Cut To)

의자를 밟고 선 창호의 장비가 요란하다.

절연 장갑을 끼고 형광등을 빼내 훈현에게 건네고 새 형광등을

받아 드는 창호. 이리저리 형광등을 돌려보는데, 여의치가 않다.

보다 못한 훈현이 "비켜봐"라며 의자에 오른다.

훈현   으이구 이놈아….

다 큰 놈이 형광등 하나 못 갈고….

의기양양한 모습도 잠시,

형광등을 만지던 훈현의 얼굴에 당혹감이 스친다.

훈현   (진땀을 빼며) 아니, 이게 왜 이렇게 빡빡하지?

불량인가….

미화   (V.O) 어이구, 뭐 하냐? 뭐 해?

방으로 들어선 미화가 눈앞에 펼쳐진 광경에
한심하다는 듯 한숨을 내쉰다.

(Cut To)
뚝딱 형광등을 갈아 끼우는 미화를
경외하는 눈으로 바라보는 두 사람.

S#46 한국기원 | 낮

— 복도 | 낮

계단을 오르던 훈현과 창호가 남기철과 마주친다.
인사라도 건넬 법한데 쌩하니 서로를 지나치는 훈현과 남기철.
자기 인사도 받는 둥 마는 둥 하며 대국실로 앞서가는
낯선 남기철의 모습에 창호가 나지막하게 한숨을 내쉰다.

— 일반 대국실 | 낮

자막   '제29기 최고위전 도전자 결정전.

남기철 9단 : 이창호 3단'

바둑판을 마주한 창호와 남기철이 서로 목례한다.

칸막이를 사이에 두고 옆에서는 왕위전 본선이 치러지는데,

대국자는 훈현과 백 사범이다.

본인의 대국보다 제자와 라이벌의 매치가 더 신경 쓰이는지

옆쪽을 계속 힐끔거리는 훈현. 백 사범은 이미 감정이 상했다.

창호가 심호흡을 하고 첫수를 놓는다.

— 복도 | 낮

복도를 지나치던 승필이

대국실 앞에서 서성이는 재룡을 발견한다.

승필　　…들어오셔서 커피라도 한잔하면서 기다리세요.

재룡　　(손사래를 치며) 아닙니다. 제가 보면 뭐 아나요…?

멋쩍은지 후다닥 계단을 내려가는 재룡.

— 일반 대국실 / 복도 | 낮

훈현 쪽으로 많이 기운 대국.

약이 오를 대로 오른 백 사범의 얼굴이 시뻘겋다.

121

훈현의 시선은 칸막이 너머로 가 있다.

칸막이 너머, 돌부처 같은 얼굴로 장고에 빠져 있던 창호가

백돌을 놓자, 미간을 찌푸리는 남기철. 남기철이 담배 연기를

내뿜으며 창호를 노려보지만, 그 속을 알 길이 없다.

묘한 미소를 띠는 훈현.

"조훈현 9단, 10분 남았습니다"라는 계시원의 말에

훈현이 "어이쿠!" 하며 대충 착수하는데,

백 사범이 신경질적으로 돌을 던지고는 대국장을 나간다.

후다닥 뒤따라 대국장을 나선 훈현이

"아이고~ 백 사범님, 한 수 잘 배웠습니다"라며

백 사범을 앞질러 검토실로 향한다.

— 검토실 | 낮

창호와 남기철의 대국을 분석 중인 프로 기사들.

검토실로 들어온 훈현도 재빨리 바둑판을 살핀다.

승필   흑이 제법 유리해 보이는데….

용각   뭐 제대로 알고나 하는 얘깁니까?

         행님도 발렸잖아요?

승필   아니…. 발린 게 아니라….

122

그날은… 내가 숙취 때문에….

(훈현 보며) …어떤 거 같아?

말없이 바둑돌을 늘어놓던 훈현이
검토실로 들어선 진행 요원의 기록지를 빼앗다시피 받아 들고는
이후 수순을 유심히 살핀다.

— 일반 대국실 | 낮

계가°가 마무리되어 가는 대국실.
바둑판 위에 흑백의 돌들이 무리 지어 놓여 있다.
자신의 실수에 분을 삭이지 못한 듯
바둑알 몇 개를 손에 꽉 움켜쥐는 남기철.
돌들이 부딪히며 드르륵 마찰음을 낸다.
무덤덤한 얼굴로 바둑판을 내려다보는 창호.

남기철　여길 끊지 말았어야 했나…? 그냥 받았으면…?

남기철의 시선을 느낀 창호가 손가락으로 바둑돌을 옮긴다.

○　바둑을 다 둔 뒤에 집 수를 헤아리는 일.

창호   (무심히) 하나 밀어두고… 중앙으로 벌리고….

수긍한다는 듯 낮은 신음을 내뱉으며 고개를 끄덕이는 남기철.
심호흡하며 마음을 다잡은 남기철이
갑자기 호탕하게 웃기 시작한다.

남기철   하하! 이거 조 국수랑 둘이 붙으면 볼만하겠는데?
         종반은 선생보다 제자가 낫다.
         (악수를 건네며) 축하해. 이 사범.

엉겁결에 손을 맞잡는 창호.
남기철이 쥐고 있던 바둑알을 내려놓고 자리에서 일어나는데,
바둑알의 이가 나가 있다.
분통한 표정을 감추며 대국장을 나서는 남기철.
창호는 얼떨떨한 표정으로 관계자들의 축하를 받는다.

— 검토실 | 낮

용각   야~ 이 바둑이 이리되나?
         남 명인님이 막판에 주저앉았네.
승필   거 봐라. 내가 약한 게 아니라 창호가 쎈 거라니까!

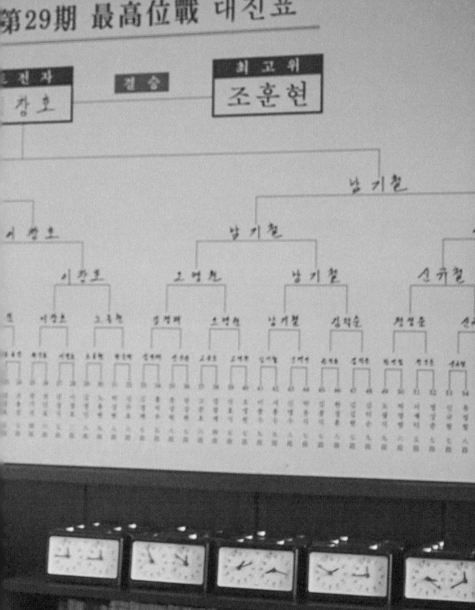

'최고위 결정전. 조훈현 vs 이창호'

대진표에 창호의 이름이 올려진다.

복잡한 얼굴로 대진표를 보던 훈현.

제자의 성장이 기쁘면서도,

예상치 못한 대결을 펼쳐야 한다는 사실이 당혹스럽다.

훈현 곁에 다가서는 승필.

승필   (믿기지 않는다) 허허, 사제 대결이라….

             빨라도 너무 빠른데?

훈현   …이겨서 올라오는데… 도리가 있나?

승필   이러다 진짜 창호한테 잡아먹히는 거 아냐…?

훈현   (여유롭다) 아직… 10년은 이르지.

S#47 훈현 집 | 저녁

― 서재 / 창호 방 | 저녁

서재에서 나와 창호 방에 들어선 훈현.

책상 위에 서적들이 한 무더기 쌓여 있다.

책을 빼 든 훈현이 돌아서는데,

바둑판 옆에 스크랩된 기보들이 한 꾸러미 놓여 있다.

훈현이 뭔가 싶어 집어 들어 보니,

훈현의 최근 대국 기보와 해설이다.

기보 곳곳 빼곡한 메모들.

훈현을 상대할 초반 포석과 전략, 약점 등이 빼곡하게 쓰여 있다.

'이놈 봐라?!' 턱밑까지 자신을 쫓아온 제자의 성장이

신경 쓰이는 듯 훈현이 쓴웃음을 짓는데,

방으로 들어서는 창호.

창호　　선생님, 저녁 드시라는데요….

불쑥 나타난 창호를 돌아보고 멈칫하는 훈현.

창호도 훈현의 손에 들린 자료집을 보고, 난감한 얼굴이다.

"어… 그래" 하고 대답한 훈현이 어색하게 헛기침하며

자료집을 바둑판 옆에 내려놓는다.

— 거실 | 저녁

온 가족이 모인 저녁 식사.

뉴스 앵커　이창호 3단이 남기철 9단을 꺾고,

최고위전 도전기에 진출했습니다.

이로써 바둑 사상 유례가 없는 사제 대결이….

사제 대결 소식을 전하는 TV 뉴스에 둘째 딸, 윤선이
"창호 오빠다!"라며 소리친다.
미화와 규상은 신경이 쓰이는지 괜히 두 사람의 눈치를 살핀다.
말없이 밥숟가락을 뜨는 창호. 식탁 위에 묘한 긴장감이 흐르는데,
훈현이 "여보, 국 좀 더 줘"라며 태연히 미화에게 국그릇을 건넨다.

S#48   훈현 집 | 아침

— 마당 / 대문 앞 | 아침

등산복 차림으로 대문을 나서던 훈현이 화들짝 놀라며
다시 마당으로 들어온다.
"인터뷰 좀 해주세요!", "이창호 3단도 지금 집에 있나요?"
대문 앞에 잔뜩 몰린 취재진으로 북새통을 이룬 골목.

— 거실 | 아침

쉴 새 없이 울리는 전화벨.

커튼을 친 규상이 신경질적으로 전화선을 뽑는다.

S#49　지하철 안 / 역사 | 아침

— 지하철 안 | 아침

지상 구간을 지나는 지하철. 창호가 기보에 집중한 채 서 있다.

양복 차림의 중년 사내가 신문을 보고 있는데,

'사상 초유의 사제 대결', '천재 소년의 끝없는 질주',

'홍안의 암살자' 등의 헤드라인과 함께

착수하는 창호의 사진이 실렸다.

긴가민가하며 신문과 창호를 번갈아 보는 중년 사내.

— 지하철 역사 | 아침

벽면에 붙은, 훈현을 모델로 한 위장약 광고.

바둑판을 위엄 있게 내려다보는 훈현의 얼굴 위로

'조훈현 천하통일!', '국제기전 그랜드슬램 달성' 등

화려한 수식어가 쓰여 있다.

훈현이 절도 있게 착수 동작을 취하며 바둑판을 내려다본다.

지하철에서 내린 창호가 광고판 앞에 우두커니 서 있다.
사진 속 스승을 물끄러미 바라보는 창호.
동경의 대상이었던 스승과의 대결이 믿기지 않는 듯,
한편으로 설레는 듯 창호의 얼굴이 상기되어 있다.

S#50　훈현 집 마당 | 아침

눈발이 흩날린다. 장독에서 장을 꺼낸 미화가 집 안으로 들어간다.
장독대 위 소복하게 쌓인 눈.
처마 아래 놓인 장독대들은 깨끗한데,
위에서 보면 마치 흑백의 바둑돌 같다.

S#51　도로 / 미화의 승용차 | 낮

뒷좌석에 앉은 훈현과 창호, 모두 말없이 창밖을 응시한다.
룸 미러로 두 사람을 보던 미화가 답답하다는 듯 입을 연다.

미화	아니, 뭔 얘기라도 좀 해줘라.
	선생이란 사람이 뭐 그러냐?
훈현	…내가 뭘…?
미화	(창호를 향해) 잠은 좀 잤어? 컨디션 괜찮아?

"네"하고 짧게 대답한 창호도 곧장 입을 다문다.

어렵사리 입을 떼는 훈현.

훈현	승패에 너무 연연하지 마라.
	그냥… 네 바둑을 두면 돼….

S#52 한국기원 | 낮

— 한국기원 앞 | 낮

미화의 승용차가 멈춰 선다.

차에서 내린 훈현이 심호흡을 하자 뜨거운 입김이 쏟아져 나온다.

다소 상기된 표정의 훈현이 코트 주머니에 손을 찔러 넣고서

빌딩 쪽으로 성큼 다가가자

기원 앞에서 진을 치고 있던 방송사 기자들이

이엔지(ENG) 카메라[●]까지 대동하며 훈현을 따른다.

미화   으이구~ 같이 좀 가지.

야속하게 훈현을 바라보던 미화가
풀려 있던 창호의 신발 끈을 묶어준다.

미화   (어깨를 토닥이며) 잘하고 와.

— 계단 / 특별 대국실 | 낮

방송사 취재 기자들이 곤혹스러운지 창호가 시선을 내리깐다.
스승과의 대결이 이제야 실감이 나는지 한 걸음 한 걸음
계단에 올라설 때마다 창호의 심장이 쿵쾅거리며 요동친다.
대국실로 들어선 창호의 눈에 훈현이 들어온다.
이미 대국 준비를 끝낸 듯 자리에 앉아
빈 바둑판을 잔뜩 노려보는 훈현.
전에 없이 살기 어린 스승의 모습에 창호는 괜히 주눅이 든다.

● 카메라맨이 움직이면서 촬영하는 카메라.

— 특별 대국실 | 낮

창호가 흑돌 하나를 바둑판 위에 올린다.

손을 펴 백돌 개수를 헤아리는 훈현.

두 개씩 짝지어진 백돌들 사이로, 돌 하나가 덩그러니 남는다.

"이창호 4단, 흑번입니다."

입회인이 대국 시작을 선언하자 목례를 나누는 훈현과 창호.

카메라 셔터가 기다렸다는 듯 쉴 새 없이 터진다.

자막　　　'제29기 최고위전 도전기 최종국.

　　　　　　조훈현 9단 : 이창호 4단'

태연한 훈현과 달리, 창호의 얼굴이 매우 상기되어 있다.

잠시 고심하던 창호가 첫수를 놓자,

곧장 장미 담배를 피워 문 훈현이 화점에 백돌을 놓는다.

바로 응수하는 자신감 넘치는 훈현과 달리,

바둑판에 시선을 고정한 창호의 낯빛은 어딘지 모르게 어둡다.

— 검토실 | 낮

취재진과 바둑 팬들이 검토실 앞 복도까지 잔뜩 몰려 있다.

승필	조 국수 포석이 매섭네. 초반부터 맹공이구만….
백 사범	어린 제자 상대로…
	이거 너무 무자비한 거 아냐?
남기철	이래야… 조훈현이 답죠.
	창호가… 생각이 많아지겠네….

— **특별 대국실 | 낮**

담배를 문 훈현이 창호의 계시기를 힐끔 쳐다본다.
야속하게 흐르는 시계 초침.
훈현의 맞은편, 창호의 자리가 텅 비어 있다.

— **화장실 | 낮**

세면대 앞에 물을 틀어놓고 선 창호.
멍한 얼굴로 수순을 생각하며 뭔가를 쉼 없이 읊조린다.

— **검토실 | 낮**

기록지를 받아 든 승필이 화들짝 놀란다.

승필   뭐야 이거? 진행이 왜 이렇게 더뎌?

백 사범   창호는… 벌써 시간을 이렇게 쓴 거야?

용각   (걱정스레) 또 화장실 갔답니다….

─ 복도 | 낮

화장실 앞에서 기다리던 재룡.

창호가 밖으로 나오자 두 사람이 시선을 주고받는데,

창호도, 재룡도 서로 말이 없다. 다시 대국실로 향하는 창호.

─ 특별 대국실 | 낮

머뭇대던 창호가 착수하자, 훈현이 타악- 하고 곧장 응수한다.

창호가 슬쩍 계시기를 바라보는데,

소비 시간이 벌써 두 시간을 넘겼다. 정각 한 시를 가리키는 시계.

"식사 후에 대국 재개하겠습니다."

입회인의 말에 담배를 끄고 일어나는 훈현.

대국장을 나가려다 신경이 쓰였는지 창호를 슬쩍 한번 쳐다본다.

대국실에 있던 관계자들도 하나둘 자리를 뜨는데,

여전히 고개를 처박고 앉은 창호.

용각   (V.O) …이 사범님! 식사하러 가시죠!

용각에게 이끌려 나가던 창호가 미련이 남는 듯
다시 바둑판을 돌아본다.

S#53   관철동 거리 / 구둣방 | 낮

직장인들로 붐비는 거리.
구둣방 아저씨가 배달 짜장면으로 허겁지겁 허기를 달랜다.

S#54   곰탕집 | 낮

훈현과 창호를 비롯해 승필, 용각, 재룡이 동석했다.

용각   (재룡 보며) 언제 올라오셨습니까…?

재룡   네…. 오늘 첫차 타구요….

승필   창호 오늘 컨디션이 영 별로 같은데….

내하고 둘 땐 인정사정없더만….

우리 이 사범, 사람 가리는 거야?

| 용각 | 선생님한테 좀 봐달라고 하이소….

살살 쫌 해달라꼬…. |
|------|-----------------------------|
| 훈현 | (신문을 접으며) 그런 게 어딨어? 승부는 승부지…. |

주문한 곰탕이 나오자 말없이 식사하는 일행들.

S#55 한국기원 | 낮

— 특별 대국실 | 낮

재개된 대국. 난로 위의 주전자가 뜨거운 김을 내뱉는다.
착수한 훈현이 꽁초가 수북한 재떨이에 담배를 비벼 끈다.
바둑판을 보는 창호의 얼굴에 초조함이 스친다.
계시원의 소음, 수순을 기록하는 볼펜 소리, 기침 소리,
주전자 끓는 소리 등 대국실 안의 모든 것이 거슬리는 창호.

— 검토실 | 낮

기록지를 받아 든 승필이 동료들과 의견을 주고받는다.

백 사범　　스승의 벽이 높긴 높네.

　　　　　　　아직 가르칠 게 남았다 이건가?

용각　　　창호 아재가… 오늘따라 잔 실수가 너무 많네요….

승필　　　우리도 후달리는데, 어린놈이 오죽하겠냐?

　　　　　　　게다가 하늘 같은 지 선생 아니야?

한쪽 구석에 앉아 바둑판을 보며 판세를 살피는 남기철.

— **특별 대국실 | 낮**

장고에 빠진 창호가 무심코 훈현을 바라보는데,

훈현의 다리가 떨리기 시작한다.

눈이 마주치자 냉큼 시선을 피하는 창호.

바둑판을 보며 잠시 고민하던 창호가 여기까지다 싶었던지

아쉬운 한숨을 내뱉는다.

돌을 던지려 훈현에게 따낸 백돌을 움켜쥐는데,

또르르 손에서 미끄러져 바닥에 떨어지는 바둑돌.

돌을 주우려 몸을 낮춘 창호의 눈에

문득 계시기의 초침이 들어온다.

훈현　　　(V.O) 익숙하고 편한 것들을 떠올려봐.

S#37, 사우나에서 훈현이 한 말이 떠오른 듯,

자세를 고쳐 앉는 창호.

훈현   (V.O) 평정심을 잃는 순간 바둑은 거기서 끝이다.

천천히 눈을 감는 창호를 훈현이 의아하게 바라본다.

눈을 감고 깊은 호흡을 내뱉는 창호.

신경을 거스르던 소음들이 하나둘 잦아들더니

계시기 초침 소리만 오롯이 남는다.

눈 감은 창호 앞에 초침 소리와 함께 익숙한 시계점의 풍경이

펼쳐지고, 이내 안정을 되찾는 창호.

뭔가 달라졌음을 감지한 훈현이 창호를 바라보는데,

옅은 미소를 띤 창호가 감았던 눈을 번쩍 뜬다.

수읽기를 하듯 바둑판을 내려다보며

쉴 새 없이 눈을 깜빡이는 창호.

창호의 눈에 바둑판 위 돌들이 놓였다 사라지기를 반복하더니

착점° 하나가 선명하게 들어온다.

경쾌하게 바둑돌을 탁- 놓는 창호.

쉴 새 없이 떨리던 훈현의 다리가 순간 턱! 하고 멈춘다.

○   착수한 돌, 또는 그 지점.

훈현의 얼굴에 당혹감이 스친다.

— 검토실 | 낮

기록지를 보며 바둑판에 수순대로 바둑알을 놓는 프로 기사들.

승필　　창호가 일단 버텨는 냈는데….
　　　　　그래도 아직까진 조 국수가 많이 유리해
　　　　　보이는데…?
용각　　첫술에 배부르겠습니까?
　　　　　좋은 경험했다 생각해야죠, 뭐….

백 사범이 사람들을 비집고 검토실로 들어선다.

백 사범　　주특기 또 나왔구만…. 그놈의 시간 겐세이….
　　　　　어린애 상대로 이거 해도 너무한 거 아냐?
용각　　그러게요….
　　　　　조 국수님이 좀처럼 안 하던 장고를 하시네.
　　　　　아이고~ 우리 아재 피 말라 죽겠다….

창호의 마지막 수가 신경 쓰였던지

남기철이 유심히 바둑판을 쳐다본다.

남기철　재밌는 수네⋯.

　　　　　이렇게 젖힐 줄 알았는데, 여길 뒀어.

─ 특별 대국실 | 낮

담배 연기를 내뿜는 훈현의 눈이 빨갛게 충혈되어 있다.

오전의 여유로움은 온데간데없는 초조한 모습의 훈현.

한참을 그렇게 바둑판만 내려다본다.

해가 서산으로 넘어가자,

덩달아 방향을 바꿔 기우는 바둑돌 그림자.

무슨 생각을 하느냐는 듯 가만히 창호를 노려보는 훈현.

S#56　관철동 거리 / 한국기원 앞 구둣방 | 저녁

하나둘 켜지는 네온사인 아래로 퇴근길을 재촉하는 행인들.

현금 다발을 챙긴 구둣방 아저씨가 셔터를 내린다.

환하게 불이 밝혀진 한국기원.

— 특별 대국실 | 저녁

"하나, 둘…" 적막을 깨는 초읽기.
난로 위의 물 주전자도 어느새 바닥을 드러낸 듯 소리가 요란하다.
금방이라도 떨어질 듯 위태로운 훈현의 담뱃재.
다소 초조해 보이는 훈현과 달리,
무표정한 창호는 흔들림 없는 모습이다.

한참을 고심하던 훈현이 자신도 모르게 물컵에 담뱃재를 털고는
회심의 한 수를 던진다. 기다렸다는 듯 막힘없이 응수하는 창호.
곧장 착수하려던 훈현의 손이 나가다 말고 멈칫한다.
손을 거두고, 바둑알을 내려놓는 훈현.
아무렇지 않게 담뱃재를 턴 물컵을 들더니,
목이 타는지 벌컥벌컥 물을 들이켠다.

— 복도 / 검토실 | 저녁

어느새, 검토실과 복도를 가득 메운 바둑 팬들.
승필과 용각, 남기철을 비롯한 프로 기사들이

형세를 놓고 의견이 분분하다.

용각   창호 아재가 꾸역꾸역… 많이 따라오긴 했는데….

그래도 아직은 백이 좋은 거 아입니까?

반집에서 한 집 반?

승필   그렇긴 한데…. 창호 그놈… 종반이 쎄.

글쎄 없던 집도 만들어내더라고….

남기철   (가만히 바둑판을 응시하다) 이거 잘하면…

진짜 쿠데타가 일어날지도 모르겠는데…?

한마디 한마디에 귀를 기울이던 취재진과
바둑 팬들의 얼굴이 상기된다.

용각   여기서 이럴 게 아이고… 마 다들 함 가보입시다!

용각과 동료 기사들이 검토실을 나서자
바둑 팬들도 우르르 뒤를 따른다.
문이 열린 특별 대국실 앞. 복도 끝까지 구경꾼들로 가득하다.
출입문 너머로 대국장을 주시하는 사람들.
인파로 가득한 복도 끝에 재룡이 서성댄다.

— 복도 / 특별 대국실 | 저녁

끝내기 *에 접어든 대국,

긴 싸움에 창호와 훈현 모두 지쳐 있다.

- 더 싸울 곳이 없어진 종반의 국면에서 집의 구획을 확정하기 위해 끝마감을 하는
단계.

눈대중으로 집을 계산하던 훈현이 꿈틀한다.

훈현   (자조 어린) …안 되나…?

훈현의 눈에 비친 바둑판, 자기 돌이 놓여 있던 영역이
지진이 난 것처럼 와르르 무너진다.
두 손으로 얼굴을 감싸는 훈현을 보며 술렁대는 사람들.

— 검토실 | 저녁

승필   흑, 반집 승. 271수. 흑이라고, 흑!!!
             아니!!! 이창호가 이겼다고!!!
             어. 반집이야, 반집!!!

전화기를 든 승필의 목소리가 상기되어 있다.
굳은 얼굴로 들어서는 용각.

용각   아이고…. 이거 뭐 완전 초상집 분위긴데….
             우리 조 국수님 충격이 마이 크신가 봅니다.
승필   (한숨) 아직도 그러고 있어?

— 특별 대국실 | 저녁

"그냥 막았어야 했나?", "이쪽을 젖혔어야 했는데" 하며
충격이 가시지 않은 듯 망연자실한 표정으로 중얼대며 복기하는
훈현. 고개 숙인 창호는 애꿎은 바둑판만 내려다볼 뿐이다.
쉴 새 없이 손목시계를 만지작대던 창호가,
난감한 듯 아랫입술을 꾹 깨문다.
축하도 위로도 선뜻 건넬 수 없는 무거운 분위기.
침묵만이 감도는 대국실로 들어선 승필이
괜스레 분위기를 바꾸려 입을 연다.

승필   이거 시간이 너무 늦어서…

        저녁 먹을 데도 없겠는데…?

"조 국수" 하며 승필이 어깨를 두드리자
그제야 자리에서 일어나는 훈현.
덩달아 일어난 창호도 쭈뼛거리며 서 있다.
훈현이 말없이 대국실을 빠져나가려는데,

기자1   …승리한 제자 이창호 4단에게 한말씀 해주시죠.

기자1의 질문에 순간 굳어지는 좌중.

훈현   (잠시) 더 가르칠 게 없네요.

이제 하산해도 되겠는데요…?

애써 미소를 보이며 대답한 훈현 덕에

대국실 분위기가 다소나마 유해진다.

"오늘 패착은… 어디였다고 보십니까?"

연이은 기자의 질문에 그만하자는 듯 쓴웃음을 지어 보이며

취재진을 지나 대국실을 빠져나가는 훈현.

그제야 창호를 향해 카메라 플래시가 쏟아진다.

승필과 용각을 비롯한 동료 기사들도

창호에게 축하 인사를 건네고, 이어 기자들의 질문이 쏟아진다.

기자2   소감이 어때요?

창호   (머뭇) 좋지 못한… 바둑으로 이겨…

선생님께 죄송합니다.

— 복도 / 계단 / 한국기원 앞 | 저녁

복도 구석에 서 있던 재룡과 어색한 눈인사를 나누고

150

계단을 내려가는 훈현. 덤덤한 얼굴로 기원 밖으로 나온 훈현이
겨우 참았던 숨을 토해낸다.
곧장 담배를 꺼내는데, 텅 비어 있는 담뱃갑.
빈 담뱃갑을 확 구겨 쥔 훈현의 손이 떨리는가 싶더니,
이내 경련이 이는 듯 훈현의 눈 밑이 요동친다.
턱밑까지 밀려오는 패배의 충격과 당혹감을 애써 눌러 담는 훈현.

S#58 포장마차 | 밤

냉랭한 분위기 속에 훈현과 창호, 승필, 용각이
말없이 우동을 먹는다. 용각이 무심코 깍두기를 씹는데,
와그작 소리가 포장마차 가득 울린다.
눈을 부라리는 승필을 보고
오물오물 깍두기를 녹여 먹다시피 하는 용각.
때마침 안주를 내어오는 주인장. 접시 위 개불이 꿈틀거린다.

용각   (한껏 오버) 아따 마 오늘 개불 좋네. 아재요.

개불이 와 개불인지 압니까?

개 거시기랑 비슷하이 생겨서 개불이랍니다.

승필   또… 또… 쓸데없는 소리 한다….

용각　　진짭니다! 백과사전에 그래 나와 있어요.

　　　　　(창호 보며) 함 드셔보이소.

　　　　　이게 보기엔 이래도 식감이 쫀득하이 일품입니다.

승필　　(훈현과 창호 보며) 먹는 게 왜들 이렇게 시원찮아?

　　　　　둘 다 점심도 제대로 못 먹었잖아.

　　　　　창호, 뭐 딴 거 더 시켜줄까?

"아뇨" 하며 고개를 가로젓는 창호.

훈현도 말없이 우동 국물을 들이켠다.

승필　　(술을 따르다 말고) 창호, 니도 한잔할래?

용각　　(눈을 부라리며) 거… 애한테… 참 좋은 거 가르친다.

승필　　야! 나도 창호 나이 때 술 묵고, 뭐 할 거 다 했어.

　　　　　모름지기 바둑 기사가 풍류도 알고,

　　　　　낭만도 있고 그래야지….

술잔을 받은 창호가 훈현의 눈치를 살피자,

승필　　개~안타.

　　　　　축하주라 생각하고, 어른들 앞에선 고개 돌리고….

소주잔을 비운 창호에게 개불 몇 점을 먹여주는 용각.

용각   (훈현 눈치를 보며) 그래도 제자라꼬

오늘 조 국수님이 많이 봐준 거 같은데?

안 그렇습니까? 허허….

승필   창호가 막판에 운이 좋았지.

한 집은 자신을 원망하고, 반집은…

저… 하늘을 원망하라 안 하냐?

'반집'이란 말에 순간 미묘하게 움찔하지만

이내 표정을 지우는 훈현.

곁에 앉은 창호도 별다른 내색 없이 개불을 우물거린다.

나란히 앉은 두 사람 사이에 팽팽한 긴장이 흐른다.

분위기가 풀릴 기미가 보이지 않자, 난감해하는 용각.

숨 막힌다는 듯 승필이 큰 한숨을 내뱉는다.

승필   (체념한 듯) 아지메! 소주나 한 병 더 주이소!

S#59 골목 | 밤

어색하게 떨어져 집으로 향하는 훈현과 창호.

S#60 훈현 집 | 밤

— 대문 / 마당 | 밤

훈현과 창호가 마당에 들어선다.

미화　　(조심스레) …어떻게 됐어…?

평소와 달리 대꾸 없이 마당을 가로질러 집 안으로 향하는 훈현.
미화가 쭈뼛대며 선 창호를 보고서야 대국 결과를 짐작한다.

미화　　(창호를 토닥이며) 우리 창호 잘했네. 축하해.

창호　　…고맙습니다….

미화　　그래…. 고생했어.
　　　　　피곤할 텐데 얼른 올라가서 쉬어.

─ 창호 방 | 밤

탈진한 듯 외투도 벗지 않은 채 침대에 누운 창호.
협탁 위에 놓인 화춘의 사진을 들여다보던 창호가
새어 나오는 눈물을 재빨리 훔친다.

창호　　할아버지, 이긴 거 봤지? 나 약속 지켰다….
　　　　　근데… 정말… 이기고 싶었어…. 내 방식대로.

S#61　훈현 집 | 밤

─ 안방 | 밤

뒤척이다 잠에서 깬 미화. 훈현이 자리에 없자 거실로 나간다.

─ 거실 | 밤

불 꺼진 거실에 앉은 훈현. 고요한 정적을 깨고
이따금 타악 탁- 창호의 바둑돌 소리가 훈현의 귓전을 파고든다.
패배의 충격이 가시지 않은 듯 자책과 허탈함이 뒤섞인

훈현의 표정이 쓸쓸해 보인다. 걱정스레 바라보는 미화.

S#62   골목 / 훈현 집 마당 | 아침

자전거를 탄 신문 배달원이 집집마다 신문을 던져 넣는다.

툭 하고 떨어진 신문을 펼쳐 드는 규상.

'청출어람', '반집이 가른 승부', '세계 최연소 타이틀 석권' 등의

수식어와 함께 창호의 우승 소식이 대서특필되어 있다.

규상   허허… 고놈 참….

S#63   훈현 집 주방 | 아침

아침 식사 중인 창호와 규상.

"장허다…. 큰일 했네, 큰일 혔어."

규상의 칭찬에 얼굴이 달아오르는 창호.

열무김치 접시를 든 미화가 주방으로 들어선다.

규상   아범은…?

미화　　생각 없다네요…. 김치 맛있게 잘 익었다. 먹어봐.

"네" 하고 대답하는 창호,
훈현의 빈자리가 괜스레 신경이 쓰인다.

S#64　훈현 집 | 낮

─ 서재 | 낮

바둑돌을 늘어놓으며 어제의 대국을 복기하는 훈현.
"여길 뚫고 나와서 끊었어야 했는데….”
아쉬움이 남는 듯 훈현이 중얼대는데,

훈현　　(자책) 여기서 끼웠어야 했나…?

똑똑 노크와 함께 들어서는 창호.
훈현이 허둥대며 바둑판을 가린다.

창호　　선생님…. 저… 복기는….
훈현　　어, 그래…. 해야지….

날도 좋은데 거실에서 할까…?

— 거실 | 낮

햇살이 쏟아지는 거실. 창호가 돌 하나를 움직인다.

  창호   (돌을 놓으며) 여기서 그냥 지키면요…?
  훈현   그것도 나쁘진 않은데….
             여길 들여다보고, 중앙을 키우는 게 낫지.
             흑이 무거우니까….

훈현의 말에 창호가 수긍하듯 고개를 끄덕인다.

  창호   음…. 아니면… 이렇게… 끼우는 수는요?

창호가 되묻는데,
아까 서재에서 훈현이 생각했던 것과 같은 수순이다.
미묘하게 흔들리는 훈현의 눈빛.
대답을 기다리듯 창호가 훈현을 바라보는데,
훈현이 창호가 놓은 바둑알을 쥐고는 후다닥 손을 거둔다.

훈현	음···. 아니야, 거긴··· (말 돌리며) 모양이 안 좋아.
	그것보단 이쪽을 지키든가···.
	아니면 여길 먼저 붙이든가···.
창호	아닌데요? 나쁘지 않아 보이는데요···?
	(재차 돌을 놓으며)
	이렇게 단수치고, 나가고, 붙이면···.
훈현	(말 끊으며) 거긴 뒷맛이 나쁘다고!
	더 볼 것도 없어!

서둘러 바둑돌을 정리하는 훈현의 모습이 의아한 창호.
두 사람 사이에 괜한 어색함이 감돈다.
머뭇대던 창호가 힘겹게 입을 뗀다.

| 창호 | ···저, 선생님···. 죄, 죄송해요···. 어제··· 대국···. |

창호의 말에 훈현의 눈빛이 돌변한다.

훈현	뭐···? 내가 선생이야? ···바둑판 앞에서?
창호	···.
훈현	(버럭) 대답해! 내가 선생이냐고?!
창호	(잔뜩 주눅 든) ···아뇨. ···적···입니다···.

훈현　바둑 한 판 이겼다고 세상이 달라져?

착각도 정도껏 해.

매일 이기고, 지는 게 프로의 숙명이야.

어디서 건방지게….

(싸늘한) 앞으로 나하고 둔 바둑은 복기 안 해도 돼.

쌩하니 자리를 뜨는 훈현.

덩그러니 남은 창호의 얼굴이 잔뜩 굳어 있다.

― 서재 | 낮

서재로 들어선 훈현이 홀로 복기하던 바둑판을 가만히 바라본다.

자신도 모르게 속내를 드러낸 게 아차 싶은지

훈현의 얼굴이 화끈거린다.

S#65　훈현 집 앞 | 낮

벚꽃이 흐드러지게 핀 주택가.

장바구니를 든 미화가 우편물을 꺼낸다.

대국 통지서를 열어 본 미화의 얼굴에 수심이 가득하다.

'패왕전 도전 5번기. 남양주 수종사. 대국 상대 이창호 6단.'

미화   (한숨) …또 창호야…?

S#66 훈현 집 앞 / 승용차 | 아침

뒷좌석에 오르다 멈칫하는 훈현, 문을 닫고 조수석에 올라앉는다.

의아하게 훈현을 바라보는 미화.

뒷좌석의 창호가 힐끔 훈현을 보고는

이내 기보로 시선을 돌리며 애써 모르는 척한다.

피로한 얼굴의 훈현이 지그시 눈을 감는다.

S#67 사제 대결 몽타주

— 팔각정 | 낮

타악- 바둑돌을 놓는 창호. 응수하는 훈현의 얼굴이 초췌하다.

　　승필　　(V.O) 이건 동서고금을 막론하고
　　　　　　　유례가 없는 일입니다!

— 방송국 스튜디오 | 낮

사제 대결을 주제로 특별 대담이 이뤄지는 스튜디오.

진행자를 중심으로 승필과 용각, 백 사범이 패널로 자리했다.

진행자   대왕전, 기성전, 패왕전, 최고위전, 기왕전까지….

다섯 개 기전 결승에서 스승과 제자가

연거푸 만나게 됐는데요….

— 유람선 | 낮

선상에서 벌어지는 대국.

훈현의 수에 창호가 덤덤한 표정으로 응수한다.

백 사범   (V.O) 이게 다 이창호 6단 때문이죠!

빨라도 너무 빨라요!

— 방송국 스튜디오 | 낮

백 사범   조 9단도 이렇게까지 빠를 거라곤

예상을 못 했을 겁니다.

— 호텔 특설 대국장 | 낮

좌식 대국장. 무릎을 꿇고 앉은 훈현이 창호를 물끄러미 바라본다.
훈현의 정수리와 관자놀이에 꽂힌 장침.

승필   (V.O) 조 9단의 칼은 날카롭기로 유명합니다.

        지독하게 급소만 골라 찌르고, 후벼 파죠.

— 방송국 스튜디오 | 낮

승필   근데 그게 이창호한텐 전혀 먹혀들지가 않아요!

용각   이창호 6단은 상대가 하고 싶은 대로 하게

        내버려둡니다.

        근데 끝나고 보면 바둑이 져 있다니까요?!

        거참, 기가 찰 노릇입니다.

백 사범   모 프로 기사가 그러더군요.

        조 9단은 상대하기 무섭고,

        이창호는… 쳐다보기도 싫다고….

승필   아시다시피 두 사람의 기풍은 달라도 너무 다르죠.

        스승은 빠르고, 제자는 느리고,

        제자는 참고, 스승은 싸우고….

— 유람선 | 낮

손을 뻗다 말고 멈칫하는 훈현.

무슨 생각을 하느냐고 묻기라도 하듯

창호를 바라보던 훈현이 손을 거두고 다른 곳에 착수한다.

그런 훈현을 보며 고개를 갸웃대는 승필.

창호도 의아하다는 듯 훈현을 바라본다.

승필　　(V.O) 근데 기보만 보면 요즘은

　　　　　두 사제의 기풍이 바뀐 거 같아요.

　　　　　되려 스승인 조 9단이 주저앉고,

　　　　　이창호 6단이 공세를 취하는 형국입니다.

― 팔각정 | 낮

치켜세운 무릎에 턱을 괸 훈현이 피로한 듯 바둑판을 내려다본다.

창호의 착수에 훈현이 멍한 표정으로 머리를 쓸어 올린다.

진행자　　(V.O) 어떻게든 흐름을 바꿔보려는

　　　　　조 9단의 몸부림이겠죠?

백 사범　　(V.O) 그렇죠.

　　　　　근데 문제는 이창호가 수비만 잘하는 게 아니에요.

　　　　　어젠 철저히 응징을 하더군요.

천하의 조훈현이가 손 한번 못 뻗어봤어요.

― 호텔 특설 대국장 | 낮

넋 나간 표정으로 바둑판을 바라보는 훈현.
"패착이 어디라고 보십니까?",
"다음 대국은 어떻게 준비하실 거죠?"
기자들의 질문에 훈현이 군은 얼굴로 마이크를 밀쳐내고는
대국장을 빠져나간다. 창호는 죄인처럼 바둑판을 바라볼 뿐이다.
바둑판 모서리에 위태롭게 놓인 훈현의 흑돌.

    진행자   (V.O) 이제 패왕 하나 남았죠?

                자칫하면 조 9단이 무관으로 전락할 수도 있는데,

                다음 대국, 다들 어떻게 예상하십니까?

― 방송국 스튜디오 / 조정실 | 낮

녹화 화면이 스튜디오 조정실 모니터에 흐른다.

    승필   이창호의 기세가 대단하긴 합니다만,

            그래도 바둑 황제라 불리는 조훈현인데….

이대로 순순히 물러서진 않을 겁니다.

용각 그렇습니다…. 일본의 후지사와 9단 같은 경우도

예순이 넘은 나이에 타이틀을 따내지

않았겠습니까?

백 사범 (말 자르며) 답답한 소리들 하시네.

거 일본엔 이창호가 없잖아요?!

이창호가 바둑의 패러다임을 바꾸고 있어요!

— 지하철 승강장 | 낮

S#49, 훈현의 위장약 광고 대신

'이창호의 신수신형'이라는 바둑 서적 광고가 올려진다.

어색하게 착수 동작을 취하는 창호의 사진.

백 사범 (V.O) 바둑 팬들 사이에

이런 말까지 돌고 있습니다!

바둑은 하루 종일 치고받다가 결국엔…

이창호가 이기는 스포츠다!

— 신문 가판대 | 낮

'반집, 또 반집…. 반집은 조훈현의 아킬레스건',
'신산(神算) 이창호 파죽의 35연승', '스승님 이번엔 패왕입니다'
등의 자극적인 헤드라인들.

— 서재 / 2층 거실 | 저녁

복기를 하던 훈현,
자신의 실수에 극도로 예민하고 신경질적인 모습이다.

창호   (V.O) 여길 두면 백이면 백,

제가 반집이라도 이기니까요….

S#34, 창호의 말이 떠오른 듯 훈현의 얼굴에 절망감이 스친다.

훈현   (읊조리듯) 백이면 백… 이긴다라….

바둑알을 힘껏 비틀어 쥔 훈현의 엄지손톱에서
빨간 선혈이 배어 나온다.
얼마나 세게 쥐었는지 손톱이 들릴 정도다.
부르르 몸을 떨던 훈현이 바둑판을 거칠게 쓸자,
사방으로 튀는 바둑알들.

서재 앞, 노크하려다 멈칫하는 창호.

스승에 대한 미안함과 걱정,

자책과 답답함이 뒤섞인 복잡한 얼굴이다.

자신의 방으로 발길을 돌리는 창호.

늘 열려 있던 창호의 방문이 굳게 닫힌다.

S#68 수종사 | 낮

— 대웅전 / 경내 | 낮

비 내리는 사찰. 대웅전 앞, 재룡이 경내를 서성인다.

정성껏 불공을 올리는 미화. 멀리서 타종 소리가 들린다.

— 특설 대국장 | 낮

모시옷 차림의 훈현이 좌식 의자에 쓰러질 듯 기대어 있다.

창호가 날카롭게 훈현의 영역을 파고들자

뼈아픈 듯 훈현의 미간이 찌푸려진다.

훈현의 눈엔 마치 바둑판이 시뻘건 피로 뒤덮이는 듯하다.

훈현이 충혈된 눈을 문지르는데, 뚝뚝 떨어지는 코피.

승필이 "조 국수!" 하며 휴지를 가져다 지혈하고,

놀란 창호도 일어나 어쩔 줄 몰라 한다.

돌발 상황에 중단되는 대국.

— 특설 대국장 앞 | 낮

대국장 마루에 걸터앉은 훈현이 넋 나간 듯 먼 산을 응시한다.

재룡　　저… 선생님…. 먼저 가보겠습니다.

미화　　네, 조심히 들어가세요.

재룡에게 겨우 목례로 답하는 훈현.

돌아서는 재룡을 창호가 어기적거리며 뒤따른다.

그런 창호를 측은하게 보던 미화가

훈현의 어깨를 가만히 보듬는다.

미화　　진짜 못 할 짓이다…. 당신도, 창호도….

창호가 쭈뼛대며 계속 재룡을 뒤따라오자,

재룡　　너도 어여 들어가…. 고생했다.

172

(창호가 미적대며 서 있자) 왜? 뭐 할 말 있어?

창호   아빠…. 밥 먹고 가면… 안 돼…?

S#69 백숙집 | 낮

마주 앉아 식사하는 재룡과 창호.

창호가 입맛이 없는 듯 깨작거리자

재룡   (걱정스레) 왜? 속이 안 좋아…?

창호   (울먹) 그냥 죄송해서….

        선생님한테도… 작은엄마한테도….

재룡   (짠하다) 그래서… 차라리 지는 게 낫겠어…?

재룡의 말에 창호가 말없이 고개를 가로젓는다.

재룡   그럼 그냥… 열심히 이겨. 별수 있냐?

"어여 먹어"라며 닭 다리를 뜯어 주는 재룡, 낮은 한숨을 쉰다.

백 사범과 프로 기사1, 2가 들어와 소변기 앞에 나란히 선다.

프로 기사1 천하의 조훈현이가 무관이라니… 참….

백 사범 지가 키운 호랑이 새끼한테 잡아먹혔는데,

누굴 원망하겠어? 자충수지… 자충수야.

프로 기사1 그래도 뭔가 씁쓸하긴 하네요….

백 사범 씁쓸허지. 승부란 게 팽팽한 맛이 있어야

우리 입장에서도 남는 게 많은데….

이래 가지고 어디 수수료 장사해 먹겠어?

다음번엔 창호 배당률 좀 더 낮춰.

프로 기사2 (한숨) 두 배라는 데 혹해가지고

괜히 조 국수한테 걸었네….

백 사범 (쯧쯧 혀를 차며) 그러니까 노 사범 바둑이

맨날 그 모양 그 꼴인 거야. 욕심에 눈이 머니까

서너 수 앞이 보이겠냐고! 적지만 확실하게! 몰라?

창호가 블루 오션이야….

"역시! 백 사범님, 한 수 또 배웁니다"라며
일행들이 신나게 떠들어대는데,

쾅 화장실 문을 박차고 나온 남기철이 세면대로 향한다.

화들짝 놀란 백 사범과 무리들,

민망했던지 괜히 헛기침을 해댄다.

남기철 바둑은 사람을 닮는다더니… 틀린 말이 아니네요.

백 사범 뭐?

남기철 누군 목숨 걸고들 싸우는데….

후배들 보기 안 부끄럽습니까?

평생 그렇게들 사쇼.

뒤에서 추잡한 꼼수나 부리면서….

백 사범 (발끈하며) 뭐?! 야! 남기철! 너 거기 안 서?

손을 닦은 남기철이 페이퍼 타월을 구겨 던지고 나간다.

S#71 훈현 집 | 밤

─ 집 앞 | 밤

골목을 서성이던 창호.

서재의 불이 꺼지자 그제야 집으로 향한다.

— 마당 | 밤

창호가 조심스레 대문을 열고 마당으로 들어서는데,

훈현　(V.O) 이제 오니?

놀란 얼굴로 창호가 돌아보면, 훈현이 평상에 앉아 있다.

(Cut To)
어색하게 앉은 두 사람.
훈현의 눈에 문득 창호의 찍찍이 운동화가 들어온다.

훈현　운동화 끈 하나 못 묶던 놈이….
　　　그래도 이젠 제법 프로 티가 나네.
　　　(사이) 이제 그만 홀로 설 때도 됐다.
　　　(화들짝 놀라는 창호) 이미 나를 뛰어넘은 놈을
　　　제자랍시고 데리고 있는 것도 말이 안 되고….
창호　아닙니다. 아직 전… 부족해요. 배울 것도 많고….
훈현　더 가르칠 것도 없다….
　　　(사이) 진즉에 널 내보냈어야 했는데….
　　　아무리 이기고 지는 게 일상이라지만,

매일 피 터지게 싸우면서

이렇게 얼굴 맞대고 사는 건 서로 고역이지.

창호   (떨리는 목소리) 죄… 죄송해요…. 선생님….

훈현   뭐가 죄송해? 내가 그렇게 가르쳤어?

상대가 누구든 이기는 게 프로의 의무야….

(사이) 네 덕분에 나도 요즘 배운다.

내가 언제든 질 수 있는 사람이라는 걸….

알아서 잘하겠지만, 나가서도 게을리하지 말고….

말없이 고개를 떨구는 창호. 훈현이 자리에서 일어난다.

훈현   생각해 보니… 데리고 있으면서

제대로 된 칭찬 한 번 못 해줬구나….

선생으로서 네가 항상 자랑스러웠다.

너는 늘… 내 자부심이었어….

집 안으로 들어가는 훈현을 바라보는 창호의 가슴이 먹먹해진다.

― 훈현 집 앞 | 낮

함박눈이 펑펑 내린다. 대문 앞에 선 이삿짐 트럭 옆으로
창호와 재룡, 훈현의 가족들이 서 있다.

미화   (재룡에게 김치통을 건네며) 열무김치 좀 쌌어요.
         창호가 좋아해서….

"이제 출발하시죠"라는 직원의 말에

미화   …한번 안아보자…. 자주 놀러 와.
         밥 잘 챙겨 먹고….
창호   네…. 작은엄마….

울먹이는 미화의 목소리에 울컥하는 창호.
규상도 눈시울을 붉히며 괜히 먼 산을 바라본다.
트럭에 실린 창호의 낡은 바둑판을 덤덤히 바라보던 훈현.
훈현이 바둑판 모퉁이에 쌓인 눈을 털어내고는
다시 방수포로 꼼꼼히 덮는다.

재룡   그간… 신세 많았습니다….

훈현의 가족들에게 꾸벅 인사를 하는 재룡.
창호도 훈현을 향해 큰절을 올리며 하직 인사를 고한다.

창호   선생님…. 그동안 감사했습니다….

— 이사 트럭 안 | 낮

이사 트럭이 골목을 빠져나간다.

재룡   이거… 선생님이 너 주라던데…?

창호가 재룡이 건넨 봉투를 열어 보는데,
S#35에서 다리미로 반듯하게 다려진 기보다.
그제야 참았던 울음을 터뜨리는 창호.
사이드 미러 속, 훈현이 멀어지는 트럭을 한참 동안 바라본다.

S#73 시내 거리 | 낮

정처 없이 걷던 훈현이 횡단보도 앞에 멈춰 선다.
보행 신호로 바뀌자 행인들이 바삐 건너는데,
걸음을 내딛던 훈현이 순간 멈칫한다.
보도블록이 격자무늬 모양으로 깔려 있는데, 마치 바둑판 같다.
오도 가도 못하고 덩그러니 서 있는 훈현.

S#74 한국기원 일반 대국실 | 낮

속절없이 흐르던 계시기가 탁 하고 멈춘다.

승필   백, 조훈현 9단. 시간패….
          남기철 9단, 기권승입니다.

남기철의 맞은편, 텅 빈 자리 위에 놓인 명패. '조훈현 9단'
바둑판에 흑돌 하나가 덩그러니 놓여 있다.
난감한 듯, 한편으로는 걱정스러운 듯 굳은 표정의 남기철.
입회인으로 참석한 승필도 깊은 한숨을 내쉰다.

S#75 훈현 집 거실 | 낮

팔팔 끓는 곰국. 주방에서 정성스레 기름을 걷어내던 미화가
전화벨 소리에 거실로 향한다.
수화기를 든 미화의 낯빛이 어두워진다.

S#76 훈현 집 거실 / 주방 | 저녁

빨래를 개는 미화. 훈현이 거실로 들어선다.

훈현   애들은…? 아직 안 왔어?

미화   응…. (싸늘하다) 오늘 대국은… 어떻게 됐어?

훈현   응…? 졌지, 뭐….

"밥 먹어. 곰국 끓여놨어."
주방으로 향하는 미화를 의아하게 바라보는 훈현.

미화   (국을 퍼 담으며) 나, 지는 놈이랑은 살아도…
          한심한 놈이랑은 못 살아….
          비겁하게 도망 다니지 마.

182

식탁에 앉은 훈현은 대꾸가 없다.

국그릇을 식탁에 내려놓으며 훈현 곁에 앉는 미화.

미화   창호 뒷바라지하는 동안 당신이나 창호,

한 번도 원망해 본 적 없는데….

당신 이러는 거 보니까… 창호 밉다….

(한숨) 왜 이렇게 못났니?

일어나 주방을 나서는 미화.

덩그러니 남은 훈현이 우두커니 앉아 있다.

S#77 한국기원 | 낮

─ 프로 기사실 | 낮

창호가 들어서자, 승필이 반갑게 맞는다.

승필   오~ 이 국수! 오래간만이네. 밥 먹었어?

오랜만에 같이 점심이나 한 끼 하까?

창호   (구석 자리로 향하며) 아뇨.

전 별로… 생각이 없어서….

백 사범   배부르겠지.

온갖 타이틀이란 타이틀은 다 가져가는데….

지 선생까지 잡아먹고 말이야….

백 사범의 말에 순간 흠칫하는 창호와 승필.

승필   잡아먹긴 뭘 잡아먹어?!

이 양반이… 말이면 단 줄 아나?

백 사범   아니 뭘 그렇게 발끈해? 조크야 조크.

농담도 못 해?

우리 이 사범은 좋겠어. 사진발도 잘 받고….

백 사범이 창호 앞 테이블에 바둑 잡지를 툭 던지는데,

승승장구하는 창호의 기사 옆으로

훈현에 대한 소식이 비중 있게 다뤄져 있다.

'와기(臥棋)°'라는 제목과 함께 모시옷을 입고

드러눕다시피 한 훈현의 사진 옆으로

'스승의 등에 비수를 꽂은 제자', '또 기권패, 조훈현 이대로 은퇴?'

○   누워서 두는 바둑이라는 뜻. 실제 신문 지면에 '와기'라는 제목과 함께 조훈현의
    사진이 실렸다.

184

등의 헤드라인들.

백 사범   (일행들에게) 간만에 내장탕이나

한 그릇 치러 갈까?

백 사범이 패거리와 함께 은근슬쩍 자리를 뜨려 하는데,

창호   그럼⋯ 제가 뭘 어떻게 해야 하는데요?

"뭐?!" 묵직한 창호의 말에 당황하는 백 사범 일행과 승필.

창호   백 사범님이 저라면 어떡하시겠어요?

제가⋯ 져야 하나요?

백 사범   뭐? 그걸⋯ 왜 나한테 물어?

창호   ⋯전 그렇게 배웠거든요⋯.

이기는 게 프로의 의무라고⋯.

백 사범님은 아직 좋은 선생님을 못 만나셨나

보네요.

백 사범   이 새끼가 근데⋯

잘나가니까 이제 눈에 뵈는 게 없어?!

창호　　저도… 농담입니다…, 농담.

부아가 치밀지만 창호의 말에 딱히 대꾸를 못 하는 백 사범.
말없이 펼쳐진 잡지를 정리하는 창호.

─ 옥상 | 낮

어색하게 담뱃불을 붙이는 창호.
담배 연기가 매웠는지 연신 콜록대던 창호가 담배를 비벼 끈다.

S#78　훈현 집 앞 | 저녁

빈 김치통을 들고 대문 앞을 서성이던 창호.
결심한 듯 초인종을 누르려 대문 앞에 다가서는데,
다시 멈칫하더니 힘없이 손을 거둔다.
한참을 망설이던 창호가 결국 뒤돌아선다.

빈 유리잔을 탁 테이블에 내려놓는 승필.

승필 기권패가 뭐냐? 천하의 조훈현이가⋯. 어?
아무리 그래도 대국은 나와야지.
제수씨가 니 걱정 많이 하더라.
창호도 말은 안 하지만⋯ 얼마나 맘이
불편하겠냐⋯?

훈현은 가타부타 말이 없다.
소주 한 잔을 걸치고 오돌뼈를 씹어 삼키는 용각.

용각 그만하믄 마 됐습니다.
6년이면 조 국수님도 형수님도 할 만큼 했지.
이제 이 사범도 다 컸고⋯. 너무 맘 쓰지 마이소.
아이고~ 참 얄궂다, 얄궂어.

승필이 소주를 채우는데, 난데없이 승필의 잔을 들이켜는 훈현.

승필 (화들짝 놀라며) 조 국수?! 왜 이래?

"술도 못하는 양반이, 와 이랍니까?!"

용각의 만류에도 연거푸 술을 따르더니 또다시 잔을 비우는 훈현.

훈현   (자리에서 일어나며) …칼이 녹슬었어….

승필   우산도 없이 어디 가? 야! 조 국수!!!

괜찮다는 듯 무심히 손을 들어 보이는 훈현.

S#80　관철동 골목 | 밤

비틀거리며 골목을 걷던 훈현이 전봇대를 부여잡는다.

속이 불편한 듯 연신 헛구역질을 해대는데,

훈현의 뒤로 누군가 다가와 말없이 등을 두드려준다.

훈현이 돌아보면, 남기철이 우산을 받쳐 들고 서 있다.

S#81　한국기원 프로 기사실 | 밤

바둑판 위, 돌들이 널브러져 있고

창호와 훈현의 대국 기보가 놓여 있다.

훈현에게 차를 건넨 남기철이 후다닥 기보를 치운다.

남기철   …겨우 이 정도로 힘들어하면 내가 너무 서운하지.

       (무슨 말인가 싶은 훈현)

       내 등엔 조훈현이가 찌른 칼침이

       백 개도 더 될 텐데….

훈현   …맞아서 안 아픈 놈 어디 있겠소…?

남기철   창호도 많이 괴로울 거야….

       내가 누굴 견디며 산다는 건,

       상대도 마찬가지로 나를 견뎌내고 있단 거니까….

훈현   그렇겠지. 선생 잘못 만나서…

       엄한 애만 고생이오….

       이긴 놈이 속 시원히 한번 웃어보지도 못하고….

남기철   아직 선생 노릇 끝난 거 아니오….

       창호한테도 계속 자극을 줘야지. 더 단단해지도록….

       결자해지하쇼.

       괜히 어물쩍거리다 나한테 선수 뺏기지 말고….

훈현   바둑이란 게 참 이상해….

       돌을 놓고 보면 그럴 수 있겠다 싶은데…

       막상 놓기가 힘이 들어.

       이제야 바둑을 좀 알겠다 싶었는데….

바둑은 슬픈 드라마라더니…. 그 말이 맞네.

남기철 그렇게 견디다가 이기는 거요.

쓰라린 상처에 진물이 나고, 딱지가 내려앉고,

새살이 돋고!

그렇게 참다 보면 한 번쯤은 기회가 오거든….

(사이) 조 국수…. 바둑판 위에선,

한 번 피하기 시작하면 갈 곳이 없습디다.

쓰고 가라는 듯 우산 하나를 훈현 옆에 둔 채 일어나는 남기철.

남기철 하던 대로 하쇼….

이렇게 숨죽이고 웅크리는 거

당신하고 영 안 어울려….

기사실을 나가는 남기철.

라이벌의 충고를 곱씹는 훈현의 얼굴이 처연하다.

S#82 서재 | 낮

뽀얗게 쌓인 먼지를 털어내고, 보자기를 풀자

오래된 비자나무 바둑판과 낡은 기보들이 쏟아져 나온다.

감회 어린 얼굴로 기보를 살피던 훈현이 바둑판을 뒤집자,

한문으로 흘려 쓴 스승 세고에의 휘호가 보인다.

훈현　　…답이 없지만…

　　　　　답을 찾으려 노력하는 게 바둑이다….

책장에 놓인 스승의 사진을 바라보는 훈현.

바둑판을 매만지던 훈현이 휘호 옆에 깨알 같은 글씨로

무언가 쓰여 있는 걸 발견한다.

글귀를 들여다본 훈현이 피식하며 짠한 미소를 짓는다.

S#83　훈현 집 거실 | 저녁

화장실에서 나온 미화가 안방으로 향하다 멈칫한다.

탁, 탁 바둑돌 놓는 소리에 서재 쪽을 바라보는 미화,

한결 안도한 얼굴이다.

S#84 한국기원 | 낮

— 복도 / 일반 대국실 | 낮

계단을 올라오는 백 사범과 무리들.

프로 기사1 백 사범님. 꽁승 미리 축하드립니다….

조 국수는 오늘도 안 보이는 거 같던데…?

백 사범 (이를 쑤시며) 축하는 무슨….

이거 뭐… 이겨도 찜찜하니….

이빨 빠진 호랑이가 뭐가 무서워?

이럴 때 제대로 붙어서,

조훈현이 한번 밟아줘야 하는데….

시시덕거리며 대국실로 들어서던 일행들이 일동 멈칫한다.

바둑판 앞에 떡하니 앉은 훈현이 백 사범 일행을 반긴다.

훈현 아이고~ 우리 백 사범님 오셨습니까?

어떻게… 식사는 든든하게 하셨고…?

똥 씹은 표정의 백 사범이 물고 있던 이쑤시개를 내뱉는다.

― 화장실 | 낮

남기철이 소변기 앞에서 볼일을 보고 있는데, 훈현이 들어선다.

서로를 바라보는 두 사람 사이에 여전히 흐르는 어색한 기류.

남기철 옆에 나란히 선 훈현.

일을 마친 남기철이 세면대로 가 손을 씻는다.

남기철 우산은… 언제 돌려줄 거요?

훈현 무슨…? 아! 다음에….

남기철 됐소…. 새로 하나 샀소….

(페이퍼 타월로 손을 닦으며) 대국 잘 봤수다….

이제야 좀… 조훈현이 같네.

무안한지 서둘러 화장실을 나가는 남기철. 훈현이 피식 웃는다.

S#85 기원 앞 | 낮

공익 근무복을 입은 창호가 계단에 앉아 군화 끈과 씨름 중이다.

불쑥 다가와 앉는 훈현을 보고 놀라는 창호.

194

창호   (괜히 반갑다) 어? 서… 선생님?

훈현   (답답하다) 에휴…. 이놈아, 이걸….

훈현이 뒤엉킨 군화 끈을 풀어주려는데,
창호가 훈현의 손을 저지한다.

창호   괜찮습니다. 제가 할게요….

천천히 한쪽 군화 끈을 묶는 창호를 보며,
훈현이 괜히 머쓱해한다.

창호   (머뭇대며) 저… 선생님… 오늘 대국은….

훈현   (덤덤하다) 이겼지. 인마…. 뭘 물어? 창피하게.
         (자조 섞인 농담) 하수같이 예선이나 하고 앉았고….

창호가 슬쩍 웃고는 반대쪽 군화 끈을 묶기 시작한다.

훈현   (조심스레) 어제 대국 봤다….
         여전히, 도통 싸울 생각을 않더구나….
         바둑은… 공수에 치우침이 없어야 해.

창호   …안 싸워도 이길 수 있으니까요….

195

굳이 위험하게 전투까지 할 필요 있나요?

훈현   싸우지 않고도 이긴다…? (피식)

싸움에 자신이 없어서 피하는 건 아니고…?

창호   (군화 끈을 꽉 동여매며) 그럴 리가요….

누구 제잔데요….

훈현   (사이) 그래…. 하수가 고수한테 무슨 훈수냐….

내 앞가림이나 잘해야지…. 간다.

다음에 또 보자.

꾸벅 인사하는 창호를 뒤로하고, 걸음을 옮기는 훈현.

S#86   훈현의 반등 몽타주

— 인왕산 등산로 초입 | 아침

등산로를 오르는 훈현의 호흡이 벌써 가빠져 온다.

— 훈현 집 서재 | 낮

장고에 장고를 거듭하던 훈현이 결심한 듯

무언가를 한 아름 휴지통에 넣고는 창밖을 바라본다.

아쉬운 듯 다시 휴지통을 슬그머니 돌아보는 훈현.

휴지통 가득 장미 담배가 보루째 버려져 있다.

— 바둑대회 예선장 | 낮

중학생 또래쯤 보이는 어린아이와 대국을 치르는 훈현.
초췌하고 피로했던 이전의 모습과 달리,
훈현의 얼굴에 생기가 돌기 시작한다.

— 약수터 / 등산로 | 아침

땀으로 흥건한 훈현이 점퍼를 벗어들고
시원하게 약수를 들이켠다.
심호흡을 하고는 다시 길을 재촉하는 훈현.
나뭇가지 위 잔설이 후드득 떨어진다.

— 2층 거실 | 저녁

바둑돌을 손에 쥔 채 그대로 잠든 훈현.
미화가 다가와 담요를 덮어준다.

— 인왕산 정상 | 아침

일출을 바라보는 훈현의 표정이
전보다 한결 더 여유롭고, 깊어졌다.

― 서재 | 밤

불 꺼진 서재.

바둑돌을 놓던 훈현이 문득 달을 바라보다 천천히 손을 뻗는다.

바둑알 쥐듯 보름달을 잡더니 집중하듯 지그시 눈을 감는 훈현.

바둑판 위로 환한 달빛이 한가득 쏟아진다.

자막   '1년 후'

S#87   목욕탕 | 낮

창호의 대왕전 우승 소식을 전하는 뉴스.

대국 장면에 이어 군복 차림의 창호가 트로피를 든다.

취재진의 요청에 어설프게 경례 자세를 취하는 창호.

뉴스 앵커 (V.O) 제13기 대왕전 도전기에서

이창호 7단이 불계승을 거두며 타이틀 방어에

성공했습니다.

이로써 이창호 7단은 타이틀전 19연승을 기록하며,

남은 패왕전 도전기에서 승리할 경우,

전관왕의 위업을 달성하게 됩니다.

패왕전은 보름 뒤, 한국기원에서 열릴 예정이며…

상대는 조훈현 9단….

평상에 앉아 알몸으로 대국 중인 노인 둘.

구경꾼 몇이 모여 있다.

노인   보나 마나 3 대 0이지 뭐.

조훈현이는 이제 퇴물이지….

이창호가 몇 연승을 하느냐가 중하지…. 안 그려?

노인의 말에 목욕탕 이발소에서 면도를 받던 규상이

못마땅한 듯 눈을 흘긴다.

S#88 거실 | 낮

마침내 성사된 인터뷰에 승필은 싱글벙글한다.

훈현에게 마이크를 다는 스태프.

승필   조 국수…. 정… 내키지 않으면 안 해도 돼.

"그럴까 그럼?" 하며 마이크를 빼는 시늉을 하자,
사색이 되는 승필.

훈현   농담이야, 농담. 나도 양심이 있는데….
                 한번 할 때도 됐지.

승필이 놀란 가슴을 쓸어내린다.

(Cut To)
인터뷰를 진행하는 승필과 훈현.
테이블 위 소형 녹음기가 돌아간다.

승필   우선 축하부터 드려야겠네요. 지난해 팬들이 뽑은
                 최우수 인기 기사상을 받으셨는데요….
훈현   …이럴 줄 알았음 진즉에 지고 다닐 걸
                 그랬나 봅니다….
                 한창 이길 땐 그렇게 다들 절 미워하시더니….

훈현의 말에 피식하고 웃는 승필.

승필   기록을 보니까 작년에 무려 110국을 치르셨어요.

각종 예선부터, 본선 토너먼트까지….

사흘에 한 번꼴로 대국을 하신 셈인데…

힘들지 않으셨나요?

늘 타이틀 방어자로 꼭대기에서 기다리시는 게

익숙하셨을 텐데….

훈현　　험난했죠.

근데 한 판만 져도 벼랑으로 떨어지다 보니

승부가 더 짜릿하더라고요…. 나름 재미있었어요.

어린 신인들과 겨루는 것도 신선했고….

승필　　제자인 이창호 7단에 대한 질문을

안 드릴 수가 없네요. 많은 분이 궁금해하세요.

내제자● 시절 이창호 7단을 어떻게

가르치셨는지….

훈현　　허허…. 제가 가르쳤나요…?

지가 알아서 배웠죠….

승필　　(웃음) 그런가요?

(어렵사리) 좀 민감한 질문일 수도 있는데… 제자인

이창호 7단에게 타이틀을 하나둘 빼앗기시더니,

결국 무관이 되셨습니다.

●　스승의 집에서 동거하며 배우는 바둑 제자.

솔직히 좀 밉지 않으세요?

훈현　안 아팠다면 거짓말이죠.

그래도 이왕 뺏길 거 미운 놈보다

제자한테 뺏기는 게 낫다 싶기도 하고….

이젠 되려 고맙죠.

제자가 스승보다 못하면 제대로 가르친 게

아니라잖아요?

덤덤하게 심경을 털어놓는 훈현.

승필도 만감이 교차하는 얼굴이다.

승필　(분위기를 바꾸듯) 요즘 이창호가 져야 뉴스가 된단

우스갯소리가 있을 정도로 이창호 7단의 기세가

무서운데요. 끝으로… 출사표라고 할까요?

제자인 이창호 7단에게 한말씀 해주시죠.

잠시 생각하던 훈현이 차분하지만 힘 있는 목소리로 답한다.

훈현　…제자는 제자고, 승부는 승부죠.

단언컨대, 창호와 싸워야 한다면

저도 전력을 다할 겁니다.

창호가 그랬듯… 이젠 제가 창호한테 도전해야죠.

S#89 창호 방 / 훈현 집 서재 | 저녁

— 창호 방 | 저녁

바둑판 앞에 앉은 창호의 눈이 반짝인다.

옆엔 훈현의 인터뷰가 실린 바둑 잡지가 놓여 있는데,

착수 포즈를 취하는 훈현의 눈빛이 매섭다.

장고 끝에 탁- 하고 백돌을 놓은 창호가

마치 훈현이 앉아 있기라도 한 것처럼 고개를 들어 바라보면.

— 훈현 집 서재 | 저녁

바둑판 너머 맞은편을 노려보던 훈현이

응수라도 하듯 타악- 흑돌을 올려놓는다.

S#90　한국기원 | 낮

― 특별 대국실 | 낮

탁! 바둑판 위에 절도 있게 놓이는 흑돌.
훈현의 수에 창호가 곧장 반응한다.

자막　　'제31기 패왕전 도전 5번기 최종국.

　　　　　조훈현 9단 : 이창호 7단'

수순이 짜여 있기라도 하듯
주저 없이 바둑판을 채워나가는 두 사람.

― 공개 해설장 | 낮

술렁이는 관중들.
공개 해설을 맡은 남기철도 의아한 듯 모니터를 주시한다.

진행자　　2 대 2 상황에서 벌어지는 마지막 대국이라

　　　　　조심스러운 초반이 될 줄 알았는데….

　　　　　이거 예상치 못한 속기전이네요!

205

흑백 모두 지금까진 4국과 똑같은 포석입니다.

약속이라도 한 듯 두고 있어요!

남기철   네, 둘 다 기싸움이 대단하네요.

자기 바둑이 틀리지 않았다 서로 외치는 거

같습니다.

모니터 속, 훈현이 다시금 흑돌을 놓는다.

— 특별 대국실 | 낮

　　진행자　　(V.O) 이번 도전기에선 백을 쥔 쪽이

　　　　　　　모두 승리를 가져가지 않았겠습니까?

　　　　　　　그래서인지 이창호 7단이 한결 가벼워 보여요.

신중하게 백돌을 놓는 창호.

　　남기철　　(V.O) 조 9단 입장에선

　　　　　　　초반부터 이득을 봐야 한다는 압박이 클 겁니다.

　　　　　　　종반으로 갈수록 이창호의 끝내기가 부담스러울

　　　　　　　거예요.

심호흡을 한 훈현이 응수한다.

— 공개 해설장 | 낮

　　진행자　　네, 그렇죠. 계산의 신,

　　　　　　　신산이라 불리는 이창호 7단 아니겠습니까?

조 9단으로서는 먼저 2승을 거둬놓고도
내리 두 판을 지면서 흐름상 또 벼랑 끝에 내몰린
느낌이에요. 사제 대결의 패턴이기도 하죠.
이젠 역전승이 이창호의 트레이드마크가
되어버렸습니다.

남기철 조훈현 9단으로서는
끝까지 평정심을 유지하는 게 관건일 겁니다.

S#91 전파상 앞 | 낮

길을 지나던 행인들이 전파상 앞에 멈춰 서서
중계 화면을 보고 있다.

S#92 훈현 집 거실 | 낮

상기된 얼굴로 대국 중계 화면을 바라보는 규상.
화면 속, 부채질하며 바둑판을 노려보던 훈현이
좌악 부채를 접더니 힘 있게 착수한다.

S#93 한국기원 | 낮

— 프로 기사실 | 낮

승필   방향을 틀었어!

용각   어? 왜 손을 빼죠? 지금 저길 갈 때가 아닌데….

중계 화면을 보며 의아해하는 동료 기사들.

— 특별 대국실 | 낮

훈현의 수에 창호가 고심하듯 바둑판을 내려다본다.

— 공개 해설장 | 낮

진행자   이곳을 받아두고, 보강하는 게 보통인데….
          조 9단이 이쪽을 뒀어요?

남기철   음…. 바닥을 치고 올라온 조 9단의 바둑이
          예전보다 더욱 날카로워지고,
          예리해지지 않았습니까…?

진행자   (거들듯) 전투의 신,

전신이란 별명까지 생겨났죠!

남기철　그런 측면에서 보자면 아마 조 9단이

여기저기서 난타전을 유도할 생각인 거 같은데

이창호 7단의 대응이 궁금하네요.

― 특별 대국실 | 낮

창호가 훈현의 흑돌 가까이 백돌을 붙인다.

진행자　(V.O) 이야~ 이창호 7단! 때렸어요!

잡으러 들어가는군요!!!

'이놈 봐라'라는 듯 창호를 보더니 피식 웃으며

캐러멜을 까먹는 훈현.

― 프로 기사실 | 낮

승필　방금 때림은 너무 좋은데?!

조 국수가 많이 쓰라리겠어.

용각　이 사범이 겁대가리가 없네요….

역시 기세는 무시 못 하겠네.

— 한국기원 앞 | 낮

도로에 주차된 승용차.

운전석 안의 미화가 초조한 얼굴로 앉아 있다.

— 특별 대국실 | 낮

고심하던 훈현이 흑돌을 놓자, 창호가 곧장 응수한다.

  진행자 (V.O) 조 9단의 끝없는 파상 공세를!!!

      이창호가 맞불로 받아칩니다!!!

— 공개 해설장 | 낮

  진행자 흑이 알토란같이 실리를 챙겼습니다만,

      백이 전체적으로 너무 두터워 보이는데요?

해설용 바둑판을 가리키는 남기철.

  남기철 문제는… 이쪽 상변입니다. 아마도 조 9단이

      다시 전장을 이곳으로 옮기려 들 거예요.

평소의 이창호 같으면 타협할 것 같은데…
글쎄요, 오늘은 모르겠네요.

— 특별 대국실 | 낮

남기철이 가리킨 곳에 착수하는 훈현.
창호도 곧장 뛰어든다.

    진행자   (V.O) 이야~ 이창호! 뛰어들었어요!
            둘 다 대마는 거들떠보지도 않습니다!
            오로지 전투입니다, 전투!!!

서로에게 따낸 바둑돌로 가득한 바둑알 통.

    진행자   (V.O) 아~ 정말 징글징글합니다.
            피도 눈물도 없네요.
            적어도 승부에 있어선 스승이나 제자나
            한 치의 양보도 없습니다!

— 공개 해설장 | 낮

남기철   아마 대국장만의 공기가 있을 겁니다.

두 사람이 아니면 감히 짐작조차 못 하는….

피차 참 지독한 바둑을 두고 있네요.

— 특별 대국실 | 낮

오롯이 바둑판에 집중한 훈현과 창호가

혼신의 한 수, 한 수를 주고받는다.

— 프로 기사실 | 낮

용각   살벌하네…. 둘이 무슨 철천지원수처럼 싸우네요.

백 사범   바닥을 치고 오더니

조훈현이가 더 무자비해졌어….

승필   근데… 뭔가 달라.

뭐랄까… 날은 잔뜩 서 있는데,

살기조차 안 느껴진다고 해야 하나…?

화면 속 창호가 바둑판을 노려본다.

— 특별 대국실 | 낮

무심한 얼굴로 바둑판을 보던 창호의 눈이 깜빡이기 시작한다.

창호의 눈에 비친 바둑판 위,

놓였다 사라지기를 반복하는 흑백의 바둑돌.

신중에 신중을 거듭하던 창호가 백돌을 놓자, 장고에 빠지는 훈현.

바둑판을 바라보는 훈현의 시야가 흐릿해지는 듯하다.

— 프로 기사실 | 낮

백 사범   창호는… 이미 계산서 뽑은 거 같은데…?

            지 선생을 아주 가지고 노는구먼….

승필   조 국수가 여기저기 싸움을 걸긴 했는데

            창호가 두터워도 너무 두텁네.

            이제 종반인데 아무래도 창호가 유리하겠지?

용각   방금 한 수로 조 국수님 행마가 완전 꼬있습니다….

— 공개 해설장 | 낮

해설판에 돌을 늘어놓는 진행자.

진행자   백의 형세가 좋아 보이긴 하는데요….

            남 9단께선 어떻게 보십니까?

남기철　네…. 현재까진 이창호 7단이 세 집 반 내지
　　　　　네 집 반 정도 앞서고 있는 것 같네요.

진행자　슬슬 끝내기 국면으로 접어드는데….
　　　　　오늘 승리하면 이창호 7단이 스승에 이어
　　　　　전관왕이라는 위업을 달성하지 않습니까?
　　　　　이창호 7단, 이제 거의 다 왔습니다!!!

― 복도 / 프로 기사실 | 낮

미화가 복도를 지나쳐 프로 기사실로 조심스레 들어선다.

S#94　李 시계점 | 낮

화면 가득 바둑판을 내려다보는 돌부처 같은 창호의 얼굴.
시계 수리를 하던 재룡도 TV 앞에 자리를 잡았다.
창호가 장고 끝에 돌을 놓는다.

― 특별 대국실 | 낮

창호의 수에 곧장 응수하는 훈현.

창호가 연이어 받아내자 훈현이 기다렸다는 듯 흑돌을 놓는다.

　　진행자　　(V.O) 아! 이 상황에서 도리어 역공입니다!

　　　　　　조 9단이 설마 이걸 잡을 생각인가요?

　　　　　　쉽지 않아 보이는데요….

　　　　　　상대가 이창홉니다, 이창호!!!

계산에는 없던 수였는지,

고개를 갸웃한 창호가 훈현을 슬쩍 쳐다본다.

― 공개 해설장 | 낮

화면 속 창호가 백돌을 놓는다.

　　진행자　　역시나 이창호 7단, 굳건하게 지켰어요.

　　　　　　좋은 자리죠?

남기철　네, 방어와 동시에 상대의 급소까지….

'이창호다운' 수네요.

— 특별 대국실 | 낮

굳은 얼굴로 뚫어지게 바둑판을 쳐다보는 훈현.

훈현　(V.O) 급소란 몹시 아픈 자리다….

당하면 옴짝달싹 못 하고,

숨이 넘어가는 그런 자리….

돌이 많아지고, 뒤엉키면… 급소는 늘어난다….

훈현이 비장한 표정으로 타악- 응수하자

돌부처 같던 창호가 움찔한다.

— 프로 기사실 | 낮

백 사범　뭐야? …여기서 더 뛰어든다고?!

용각　하아…. 너무 무모한데…. 뒤가 없잖아요? 이건.

주저하던 창호가 심각한 얼굴로 돌을 놓는데,

뭔가 개운치 않은 표정이다.

― 공개 해설장 | 낮

　　진행자　　어? 이창호 7단, 물러섰네요. 실수인가요?

　　　　　　　이렇게 젖히고, 한 점을 잡아두는 게

　　　　　　　맞지 않나 싶은데….

　　　　　　　(남기철을 보며) 지금 뭐죠?

　　　　　　　방금 조 9단의 수에 뭐가 있는 건가요?

　　남기철　　죄송합니다…. 제가 뭘 놓쳤죠?!

　　　　　　　여기 뭐가 있단 얘긴가요?

당황한 남기철이 한발 물러서더니

해설용 바둑판을 뚫어지게 바라본다.

― 특별 대국실 | 낮

바둑판을 보던 훈현의 눈이 순간 번뜩인다.

　　훈현　　(V.O) …나의 급소는 곧… 상대의 급소….

컨디션 좋은 타자에게 야구공이 수박처럼 보이듯,
훈현의 눈에 바둑판 한 곳이 너무나도 선명하게 들어온다.
거침없이 착수하는 훈현.
훈현의 검은 바둑돌이 날카로운 비수처럼
바둑판 위에 턱 하니 꽂힌다.

— 공개 해설장 | 낮

어리둥절한 표정으로 돌을 이리저리 늘어놓던
남기철의 안색이 급변한다.

> **남기철**　　아니! 잠시만요! 아!!! 그렇군요.
>
> 　　　　　　아!!! 기가 막힙니다!!!

흥분한 남기철의 말에 해설장의 좌중이 집중한다.

> **남기철**　　(해설용 바둑돌을 늘어놓으며)
>
> 　　　　　　여길 빠지고, 단수치면 잇고, 백이 뻗어야 하는데….
>
> 　　　　　　결국엔 흑이 선수를 잡을 수밖에 없습니다!
>
> 　　　　　　조 9단의 절묘한 승부수네요!!!
>
> **진행자**　　아!!! 그렇군요. 보면서도 믿기지 않습니다.

조 9단은 이 바둑을 두면서

단 한 번도 유리한 적이 없었거든요.

드디어 스승이 제자의 팔을 비틀었습니다!!!

이거 잘하면…

조 9단이 판을 뒤집을 수도 있겠는데요?!

— **특별 대국실 | 낮**

피로하지만 날카로운 눈빛으로 바둑판을 바라보는 훈현과 창호.

고심하던 창호가 착수하자 훈현이 응수한다.

남기철   (V.O) 바둑은 둘이 두는 거죠. 좋은 바둑은

결코 한 명의 천재로 만들어지지 않습니다.

이 바둑은 길이 남을 바둑입니다….

— **프로 기사실 | 낮**

두 사람의 대국을 지켜보던 동료 기사들도 혀를 내두른다.

용각   이야~ 조 국수님. 오늘 신들렸네, 신들렸어.

완전 작두 타고 있는데요!

승필   둘 다 대단하다 진짜….

         도대체 몇 수까지 내다보는 거야?

심란한 얼굴로 TV 화면을 바라보는 미화.

S#96 전파상 앞 | 낮

구경꾼들 몇몇이 판세를 놓고 의견이 분분하다.
"조훈현이가 잡았는데…?", "끝내기의 이창호 몰라?",
"뭐? 당신 몇 급이야?!" 하며 실랑이가 벌어진다.

S#97 한국기원 / 훈현 집 / 李 시계점 | 낮

— 공개 해설장 | 낮

진행자 정말 한 치 앞도 모르겠네요!

   물론 끝까지 가봐야 알겠습니다만….

   남 9단께선 오늘 승부 어떻게 예측하십니까?

남기철 승패가 다는 아니죠.

   이런 명국을 감상한 것만으로 전 충분합니다.

   그런데 오늘만큼은…

   조 9단이 꼭 이겼으면 좋겠습니다.

   그래야… 이 바둑의 값어치가 더 올라갈

   테니까요….

— 특별 대국실 | 낮

수세에 몰린 듯 전전긍긍하던 창호가 백돌을 놓자,

훈현의 흑돌이 기다렸다는 듯 바둑판 위로 향한다.

방패에 창이 꽂히듯 창호의 백돌 옆에

타악! 하고 놓이는 훈현의 흑돌.

미간을 찌푸린 창호의 이마에 땀방울이 흐른다.

창호의 눈에 비친 자기 백돌에 미세하게 금이 가기 시작한다.

— 李 시계점 | 낮

진행자   (V.O) 아! 돌부처가 움찔거립니다!

이창호도 사람이네요!!!

측은하게 TV를 바라보는 재룡.

화면 속 수세에 몰린 창호가 착수한다.

— 프로 기사실 | 낮

모두가 숨죽이며 중계 화면을 바라보는데,

굳은 얼굴로 TV를 보던 미화의 표정이 변한다.

승필도 "어?!" 하며 화면을 가리키자 모두 TV를 바라보는데,
화면 속 차를 마시는 훈현의 다리가 미세하게 떨리기 시작한다.

— 특별 대국실 | 낮

찻잔을 내려놓은 훈현이 힘차게 착수한다.
바둑판 위에 타악- 하고 놓이는 훈현의 흑돌.
성벽처럼 견고히 무리 지어져 있던 창호의 흰 바둑돌에
하나둘 금이 가더니 이윽고 부서지는 것처럼 보인다.
아쉬운 듯 바둑판을 내려다보던 창호.
백돌을 쥔 창호의 손이 허공을 가른다.
탁- 착수한 창호가 천천히 손을 거두는데,
백돌이 바둑판 제일 구석에 덩그러니 놓여 있다.

— 공개 해설장 | 낮

진행자   아~ 이창호가 던졌어요! 조훈현이 이겼습니다!
              이창호의 전관왕이 스승의 손에 저지됩니다!!!

핏대를 세우며 소리치는 진행자.
관중들도 박수와 찬사를 보내고….

먹먹한 표정의 남기철이 화면 속 훈현을 지그시 바라본다.

— 프로 기사실 | 낮

　　진행자　　(V.O) 조훈현 9단이 패왕을 가져가며
　　　　　　　　무관에서 탈출합니다!!!

대국 결과에 반응하는 동료 기사들.
구석 자리에 있던 미화가 눈시울을 붉힌다.

— 특별 대국실 | 낮

　　진행자　　(V.O) 15전 16기의 조훈현이 드디어!!!
　　　　　　　　지옥과도 같은 이창호 터널에서 탈출합니다!!!
　　　　　　　　여러분!!! 황제가 돌아왔습니다!!!

진한 아쉬움이 남는 듯 입술을 앙다문 창호가 바둑판을 쳐다보며
머리를 긁적이다 훈현을 넌지시 바라본다.
훈현 역시도 초연한 얼굴로 창호를 응시하고,
두 사람을 향해 끊임없이 쏟아지는 카메라 플래시.
훈현이 취재진을 향해 패왕 트로피를 번쩍 들어 올린다.

S#98　도로 / 미화의 승용차 | 낮

신호 대기에 걸려 멈춰 선 미화의 승용차.

뒷좌석에 패왕 트로피가 무심히 놓여 있다.

잘했다며 훈현의 머리를 쓰다듬던 미화가

버스 정류장에 선 창호를 발견한다. 경적을 울리는 미화.

미화　(창문을 내리고) 아버진 안 오셨어?

창호　네. 오늘 집에 일이 있어서….

미화　타. 태워줄게. 저녁 먹고 가.

뒷좌석에 오르는 창호.

승용차가 출발하자, 버스에 붙은 광고판이 드러난다.

'담배도 9단이던 제가 담배를 끊었습니다'

금연초를 들고 환히 웃는 훈현.

S#99　훈현 집 마당 / 대문 | 저녁

미화가 창호에게 김치통을 건넨다.

227

미화　　　···이번에 담근 열무김치가 잘 익었어···.

훈현이 큼지막한 보자기를 가지고 나와 창호에게 멋쩍게 건넨다.

훈현　　　버리기도 뭣하고 해서···. 아직 쓸 만은 할 거다.

S#100　택시 안 | 저녁

세차게 퍼붓는 빗줄기가 택시 지붕을 때리는 소리가 요란하다.
택시가 터널로 진입하자 내부가 순간 고요해지는데,
"끊고, 먹여치고, 젖히고···. 단수치고··· 씌우고···."
창호가 복기라도 하듯 바둑 용어를 쉴 없이 중얼거린다.
자책하듯 택시 창에 머리를 쿵쿵 찧는 창호.
택시 기사의 시선을 느낀 창호가 멈칫하더니,
괜히 훈현이 건넨 보자기를 풀어보는데,
S#82의 비자나무 바둑판이다. 천천히 바둑판을 살피는 창호.
훈현의 스승, 세고에의 휘호 옆에
깨알같이 작은 글씨가 보이는데,
'승부는 적과의 싸움이지만, 바둑은 자신과의 싸움이다.
1964.8. 조훈현'이라는 문구가 삐뚤빼뚤 쓰여 있다.

글귀를 매만지는 창호의 입가에 알 듯 말 듯한 미소가 번진다.

S#101 목욕탕 | 낮

평상 위, '조훈현 무관 탈출', '조훈현, 드디어 이창호 터널 통과', '스승의 손에 저지된 연승', '바둑 황제의 귀환' 등의 헤드라인과 훈현의 승리 소식이 대서특필된 신문들이 잔뜩 쌓여 있다.
알몸의 사내 하나가 신문을 들고 가자,
삶은 달걀을 까먹던 규상이 흡족한 미소를 짓는다.

S#102 기자회견장 | 저녁

자막   '1998년. 11월 16일. 제42기 국수전 전야제'

기자1   국수 타이틀은 조 9단의 상징과도 같은 타이틀이라
감회가 남다르실 것 같은데요….

흰머리가 희끗희끗한 훈현(46)이 기자1의 질문에 답한다.

훈현	타이틀이야 뺏고 빼앗기는 거죠.
	올해 안 되면 내년에 다시 오면 되고….
	나이를 먹어서 그런지 요즘은 타이틀보다도
	좋은 기보를 남기고 싶은 맘이 더 큽니다.
기자2	이창호 9단께 질문드리겠습니다.
	오랜만에 성사된 사제 대결인데

어떻게 준비를 하셨는지요…?

어느새 장성한 창호(24)가 조심스레 입을 연다.
S#40에서 미화가 맞춰준 양복과
훈현이 건넸던 와인색 넥타이를 맨 창호.

창호　　선생님이 워낙 발이 빠르시기 때문에…

　　　　　초반에 판을 짜기가 굉장히 힘듭니다.

　　　　　그 부분을 중점적으로 대비했습니다.

기자3　　최근 조 9단이 승승장구하고 계시는데,

　　　　　남다른 비결이라도 있으신가요?

훈현　　글쎄요…. 회광반조(回光返照)라고

　　　　　원래 일몰 직전의 햇빛이 제일 밝은 법이죠.

　　　　　아마도 곧 사그라지지 않을까 싶습니다.

기자3　　이 9단이 보시기엔 어떤가요?

창호　　확실히… 담배를 끊으시고 나선

　　　　　종반에 착각하시는 경우가 없는 것 같습니다.

　　　　　그동안 담배가 문제였나 봅니다.

창호의 우스갯소리에 회견장 분위기가 유쾌해진다.

기자1	끝으로 내일 대국에 임하는 소감
	한말씀씩 부탁드립니다.
훈현	창호가 요즘 역전승에 재미를 붙여서
	첫판을 져준 것 같은데, 내친김에
	내일 한 판 더 가르침을 주도록 하겠습니다.
창호	가르침은 한 판으로 충분한 것 같고요….
	많은 분이 선생님의 승리를 바라고 계신 거 같은데,
	저도 매우 힘들게 얻은 타이틀인 만큼
	쉽게 내어드릴 생각이 없습니다.

스승과 제자, 서로 한 치의 물러섬이 없다.
인터뷰 후, 대국을 벌일 바둑판 아래에 휘호를 남기는 훈현과 창호.
훈현은 '무심(無心)', 창호는 '성의(誠意)'라는 글귀를 남긴다.
훈현의 필체는 여전히 화려하고 날카롭고,
창호의 글씨는 우직하지만 강인함이 느껴진다.
글씨마저도 기풍과 닮아 있는 듯하다.
바둑판을 들고 기념 촬영을 하는 훈현과 창호.

(Cut To)
공식 행사 후 연회. 테이블에 훈현과 창호, 관계자들이 앉아 있다.
맥주를 마시는 창호를 빤히 바라보는 용각.

용각   적당히 마시라. 내일 대국도 있는데….

승필   뭐야? 이제 뭐… 막 나가기로 한 거야?

용각   둘이 있을 땐 고마 서로 편하게 하기로 했습니다.

        저도 내일모레면 사십이고….

창호가 빈 맥주잔을 테이블 위에 올려놓자,

승필   이야…. 우리 창호 술도 잘하네….

        니가 선생보다 백배 낫다.

        모름지기 바둑 기사가 풍류를 알아야지….

의기양양하게 소주가 담긴 잔을 털어 넣는 승필.

훈현   (맥주병을 집어 들며)

        뭐든 선생보다 나으면 좋지….

훈현이 맥주를 채워주자, 고개를 돌려 맥주잔을 들이켜는 창호.

— 운당여관 | 아침

동이 터오는 운당여관 전경.

— 특설 대국장 | 아침

대국장으로 나란히 입장하는 훈현과 창호.

자리에 앉아 돌을 가린다.

입회인이 대국 시작을 알리자, 묵례를 나누는 훈현과 창호.

스승과 제자, 두 사람이 가만히 서로를 응시한다.

이내 누가 먼저랄 것도 없이

날카로운 안광을 뿜어내는 훈현과 창호.

훈현	(V.O) 창호…. 또… 너냐?
창호	(V.O) 네…. 선생님….
훈현	(V.O) 도리 없지…. 이것이 승부니까….

— 운당여관 | 아침

고즈넉한 풍경 위로,

하얀 눈발이 흩날리기 시작한다.

1998년 11월 17일.

조훈현은 자신의 상징과도 같았던 국수 타이틀을

제자 이창호로부터 5년 만에 탈환했다.

그해,

첫눈이 내리던 날이었다.

타의 추종을 불허하는 수읽기와 끝내기로

신산이라 불린 이창호는

스승의 뒤를 이어 15년간 세계 바둑의 최정상에 군림했고,

지금까지도 바둑 역사상 최강의 기사로 손꼽힌다.

스승과 제자,

두 사람은 지금도 현역에 몸담고 있다.

끝.

명장면·명대사

"무너지지 않고, 참고, 또 참아내면…
기회는 반드시 온다.
이것이 바둑이고… 인생이다…."

"모든 것은 체력이다….
불쑥 손이 나가는 경솔함,
대충 타협하려는 안일함,
조급히 승부를 보려는 오만함….
모두 체력이 무너지며 나오는
패배의 수순이다….

실력도, 집중력도, 심지어 정신력조차도
종국엔 체력에서 나온다.
이기고 싶다면…
마지막 한 수까지 버텨낼 체력부터 길러."

"바둑 기사에게 기풍이란
삶을 어떻게 살아가겠다는
일종의 선언이다.

니가 내린 답이 그렇다면
책임감을 가져야 해.
바둑도… 인생도….
알겠지?"

"실전에선 기세가 팔 할이야.
설령 승부에선 지더라도
기세에서 밀리면 안 돼.
차라리 감춰.
니 생각, 감정, 숨소리까지….
그 어떤 것도 상대에게 드러내지 마."

"이제야 제 바둑을 찾은 것 같아요.
조금은 투박해도,
선생님처럼 화려하진 않아도…
절대, 누구에게도 지지 않는
바둑을 둘 거예요."

"네 덕분에 나도 요즘 배운다.
내가 언제든
질 수 있는 사람이라는 걸…."

"그렇게 견디다가 이기는 거요.
쓰라린 상처에 진물이 나고,
딱지가 내려앉고,
새살이 돋고!
그렇게 참다 보면
한 번쯤은 기회가 오거든….

조 국수…. 바둑판 위에선,
한 번 피하기 시작하면
갈 곳이 없습디다."

"답이 없지만⋯
답을 찾으려 노력하는 게
바둑이다⋯."

"승부는 적과의 싸움이지만,
 바둑은 자신과의 싸움이다."

비
하
인
드

스
틸

棋戰名		白 4 段 조 현 식
對局場所	일반 대국실	黑 3 段 이 창 호
日 時	89. 3. 2부	

制限時間 용 5분 時間	結果	消費時間 白 시간 분
덤 5집반		黑 시간 분

233 - 113   246 - 107

233 - 60   흑 1집반승

제반 - 5나

───── 제 보 (/ ~ 244) ─────

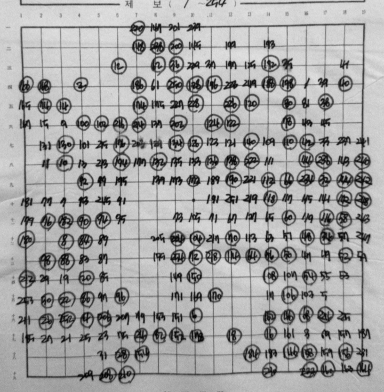

韓 國 棋 院

흑: 伊藤恭平
백: 조훈현
결과: 188수 백 불계승

백 1이 일감이지만
흑6까지 백이 큰 손해

30…9

- 백 54까지 서로 잘 어울려 진것 같다.
- 백 56이 妙手 지만, 너무 시시상조였다.
- 흑 85가 좋은 자리지만 아십다. 귀변의 응수타진이 수순.
- 백 92가 찾기 힘든 急所이다. 백 124까지 전단하여 백의 승리.

囲碁の定石は正着だ。
基本が最も重要であり
全ての妙手は基本ら出てくる。

아래쪽을 살리려면
백1의 끊기는 곳이 오른다.

흑85로 두기 전에

흑:藤原和真
백:五용선
결과: 194 백 불계승

84…흑?
- 백36까지 흑백은 쌍방히 모범적인 포석이다.
- 흑이 41로 두텁게 두어 중앙의 이득을 보려고 했다.
- 흑43은 無理手이다.
- 백70까지 바꿔치기가 되어 편안아 보이지만 흑의 損失이 더크다.
- 백86을 차지하고 9로 함께 살아서 백의 勝利.

○ 흑: 妻夫木聰

백: 조 훈현 ＊결과: 백 12집 승.

黒93が敗着だった

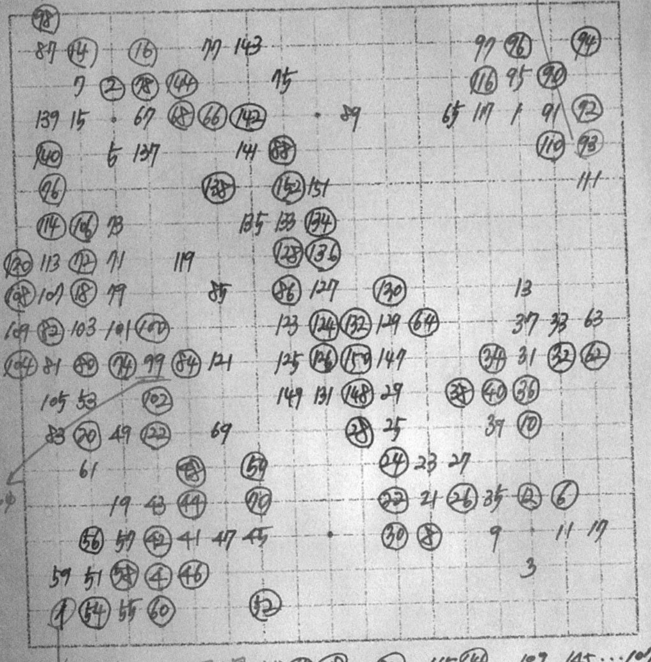

あくしゅ

↓ 先手して置場だ ⑫⑱…㉜ 115 ⑭…109 145…107

① 흑 13은 17에 둘 곳.

② 흑 53이하의 바꿔치기는 호각이다.

③ 백 64까지 백 활발했다.

④ 95로 막아 사수를 잡을 곳이었다.

"102で勝ち、106で負けたが、黒の持ち物がない。"

白120で 解消し白の 必勝局面。

勝利したが、
自慢せずにいつも
謙遜さを失わな
いように。

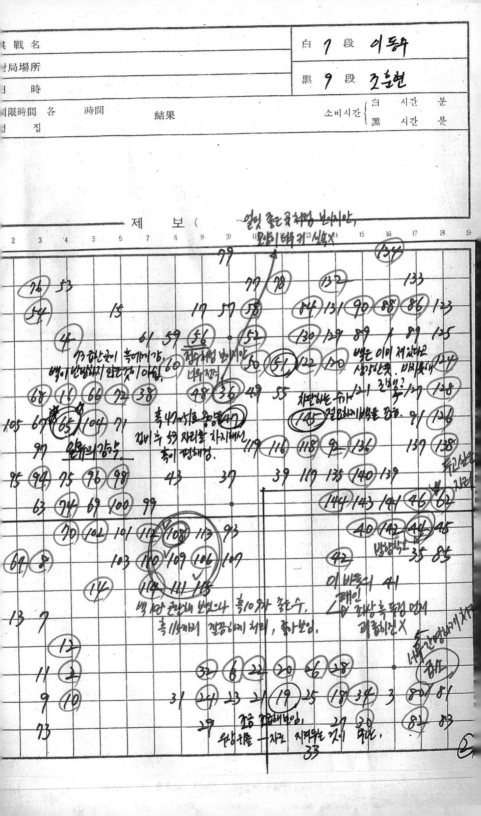

棋 戰 名　　　　　　　　　　　白　7 段　이동욱
對局場所　　　　　　　　　　　黑　9 段　조훈현
日　時
制限時間　各　　時間　　　結果　　　　소비시간　白　　시간　분
　集　　　　　　　　　　　　　　　　　　　黑　　시간　분

제　보　(

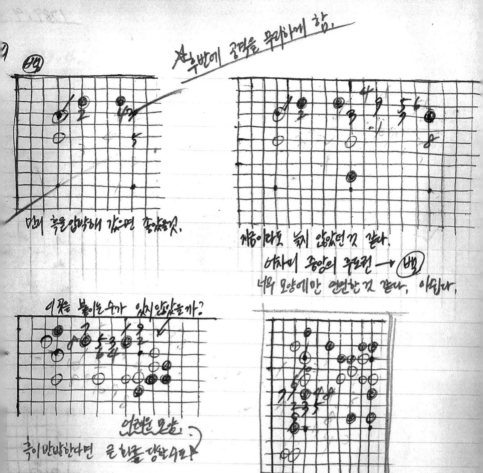

★ 우반에 공격을 무리하게 함.

⑭

미리 흑을 강력해 갔으면 좋았을것.

제공이라고 낮게 앉았던것 같다.
아까의 중앙의 구려권 → 백
너의 모양에만 연연한것 같다, 아쉽다.

이곳을 붙이는수가 있지않았을까?

이렇게 모습
흑이 반발한다면 큰 차를 당한사요?

선생님이라면 이렇게 두었을것,
백이 너무 물러서기만 한다,
→ 싸워야 할때는 싸워야한다.

집에서 사는 수가 없었음.
→ 흑의 반발로 딱히 보이지않음.

★ 총평) 백은 초반부터 세력작전 펼치고 나옴
그렇지만 위력적x
좀더 강력하게 공격 할수 있는 찬스가 많았음.
← 너무 안일, 작전두는 흑의 뜻대로 진행
심리적인 압박.- 백의 수 들을 보고 느낀것
의 영향   많은 바둑

삼선보다 집으로 취하는 이득이 상당히 음.
백이 아낌수 있는 마지막 자리.

전반적으로 서로 아쉽게 망다.

배
우

"원래 바둑이라는 게 답이 없잖아."
연기도 마찬가지다. 연기에도 정도(正道)는 없다.
매번 새로운 작품과 새로운 캐릭터를 마주하고,
그 안에 빠지기 위해 나와의 싸움을 이어가는 것. 그것이 나의 '승부'다.

영화 '승부'
조훈현 역.

영화 승부 많은 관심

부탁드립니다 !

배우이자 인간 고창석을 새롭게 시작하게 해준 '승부'.

새로운 '승부'를 많이 경험하게 해준 작품.

승부 많은 관심과 사랑
부탁 드립니다.

누구에게나 한 번쯤 찾아올,
예민함에서 출발했지만 즐거움으로 끝나는 '승부'.

승우 만나러 오세요 ♡

표정희 딸

여러분의 위대한 역을 응원합니다!! 화이팅!!

조승우

'승부'란 죽을 때까지 어깨에 짊어지고 가야 하는 것.

스태프

윤종빈

제작자
작가(공동각본)

김형주 감독과 영화 〈승부〉를 만들기로 결정한 후 영화가 개봉하기까지 약
6년이라는 시간이 걸렸다. 영화 한 편을 만들어 관객들과 만나는 과정이 참으
로 어렵고도 감사한 일이라는 것을 매번 느끼는데, 〈승부〉는 유독 많은 우여
곡절 끝에 세상에 나오게 되어 더욱더 감회가 새롭다.

배우, 스태프와 제작진이 정성을 다해 만든 영화가 마침내 관객들을 만난다.
관객들에게 그 진심이 잘 전달되기를 바란다. 또한 영화화를 허락해 주시고
긴 시간 동안 제작진을 지지해 주신 조훈현 국수, 이창호 국수, 그리고 정미화
사모님께 다시 한번 감사의 말씀을 드린다.

마지막으로 작품이 개봉할 때까지 누구보다 마음고생이 심했을 김형주 감독
에게 제작자로서, 동료로서 진심으로 축하한다고 전하고 싶다.

김태원
프로듀서

'조훈현과 이창호, 사제간의 바둑 이야기'라는 간단한 설명만 들은 상태에서 처음 시나리오를 받고 김형주 감독님과 인사를 나누었다.

"'승부'라는 다큐멘터리가 있습니다. 한번 보세요. 그게 이 작품을 시작하게 된 계기였어요." 그 말을 듣고 다큐멘터리부터 찾아보았다. 바둑에 문외한이었지만, 다큐멘터리와 시나리오를 함께 살펴보니 '스승과 제자의 대결'이라는 이야기 뒤에 숨겨진 조훈현과 이창호, 두 인물의 심리가 시나리오에 섬세하게 표현되어 있었다.

이제 이 부분을 극대화하여 잘 표현하는 것이 나의 숙제였다. 바둑의 특성상 두 인물이 앉아서 바둑돌을 두는 정적인 장면이 대부분이라, 대국 장면을 긴장감 있게 표현하는 것이 중요했다. 마치 액션 장면을 준비하듯 배우들의 미세한 움직임과 감정, 표정을 놓치지 않기 위해 많은 시간을 들여 촬영했던 기억이 난다.

바둑을 소재로 한 이야기를 바둑을 모르는 사람에게는 재미있게, 바둑을 아는 사람에게는 사실적으로 전달하기 위해 프로 바둑 기사들의 자문을 받았다. 긴 회의 끝에 스토리에 맞는 '기보'를 작성하는 등 상당한 공을 들여 준비했다.

두 인물의 이야기가 긴 시간의 흐름을 따라 전개되기에, 각 시대상을 반영하기 위한 장소 헌팅, 의상, 헤어, 소품 준비에도 많은 노력을 기울였다. 결과물이 영화에서 눈에 띄지는 않지만, 그만큼 차분하고 자연스럽게 표현된 것 같아 함께한 스태프들에게 감사한 마음이다.

작품이 완성된 후에도 여러 이유로 오랜 시간 세상에 나오지 못했지만, 마침내 큰 스크린에서 이병헌과 유아인 두 배우의 연기 대결이 펼쳐지는 모습을 보니 작품에 참여한 스태프로서 깊은 기쁨과 감사를 느낀다.

바둑을 주제로 한 영화를 진심으로 응원하며 물심양면으로 지원해 주신 한국기원에도 감사의 말씀을 전하고 싶다.

마지막으로 함께 즐겁게 작업했던, 본인처럼 따뜻하고 진중한 영화를 연출해 준 김형주 감독님께 프로듀서로서 진심 어린 존경과 감사를 표한다.

조훈현과 이창호의 실화를 바탕으로 한 정통 바둑 영화라니, 시나리오를 읽기도 전에 불안이 엄습했다. 두 사람의 치열한 승부를 그려내야 할 텐데, 인물은 한없이 정적이고 조그만 바둑돌은 전혀 드라마틱해 보이지 않았다. 분명 카메라가 갈 곳이 많지 않을 것 같았다.

콘티가 잘 풀리지 않을 때면, 작은 반상이 링으로 변해 두 투사가 치열하게 싸우는 CG 장면을 상상하곤 했다. 지금껏 작업한 작품 중에 장례식장 장면이 빠진 영화가 드물 만큼 스펙터클한 촬영에 익숙했던 나는, 마치 답이 없는 사활 문제를 마주한 기분이었다.

오랜 토의 끝에 감독님과 합의에 이른 우리의 해답은 단순했다. 한 수 한 수에 정석대로 최선을 다할 것. 말 그대로 영화에 등장하는 모든 바둑돌의 인서트 촬영을 진행했고, 각 수의 의미를 현장에 있던 프로 바둑 기사에게 직접 물었다. 그렇게 성의를 다해 촬영했지만, 문제는 그 한 수의 의미를 관객들에게 어떻게 전달할 것인가였다.

"이 수는 거대한 창을 간신히 막고 작은 단도를 던진 것과 같습니다."

이 설명을 관객들이 직관적으로 이해할 수 있을까? 바둑을 모르는 대다수 관객은 각 수의 의미를 이해하기 어려울 수밖에 없다. 난제를 풀어낸 것은 결국 배우들이었다. 배우들은 보통 액션과 리액션으로 상황과 감정을 전달하지만, 액션이 극히 적은 〈승부〉에서는 모든 상황을 인물의 리액션으로만 표현해야 했고, 놀랍게도 배우들은 이를 완벽하게 해냈다. 바둑을 몰라도 인물이 처한 상황과 감정이 전해진다는 사실에 배우들에게 경외감마저 들었다.

카메라는 점점 더 인물과 가까워졌고 심도는 더욱 얕아졌다. 그 어느 때보다 인물에 집중한 촬영이었다. 한편으로는 캐릭터에 집중하다 보니 공들여 준비한 시대적 배경과 장소가 화면에 충분히 담기지 못한 것은 아닌가 하는 아쉬움도 남는다.

어렵게 세상에 나온 영화인 만큼 연민과 안타까움이 크지만, 제작 과정에서 느낀 만족과 희열이 더 기억에 남는다. 끝까지 헌신해 준 스태프들과 배우들에게 그저 감사할 따름이다.

한경욱
조명감독

사활을 걸었던 영화 〈승부〉가 드디어 개봉한다. 스태프들과 배우들의 열정으로 강추위 속에서도 진지하면서 활기가 넘쳤던 촬영 현장이 아직도 눈에 선하다.

처음 시나리오를 읽고 나서 '바둑'을 주인공으로 조명을 어떻게 잡아야 할지 고민이 깊었다. 바둑판 위, 한 알의 바둑돌도 놓치지 않기 위해 매 컷마다 정말 많은 공을 들였다. 영화의 제목처럼 촬영에 참여하는 모두가 자신만의 승부를 펼치듯 열정을 다했다. 실화를 다룬 영화인 만큼 진지하게 임했다고 자부한다. 배우들의 연기를 보고 있으면 마치 1990년대 치열한 바둑 대국 현장에 있는 듯한 기분이 들었다. 한 장면, 한 장면마다 숨죽이고 집중하게 만드는 배우들의 연기 덕분에 조명도 '바둑', 그리고 '승부'의 세계에 자연스럽게 스며든 것 같다.

바둑을 다룬 영화가 다소 생소하게 느껴질 수 있지만, 바둑은 전 세계 2억 명 이상이 즐길 만큼 인기 있는 스포츠다. 〈승부〉가 우리나라에서 바둑에 대한 관심을 다시 불러일으키는 좋은 계기가 되기를 바란다.

끝으로 최선을 다해준 스태프들과 배우들에게 경의를 표하며, 이들의 치열했던 노력과 뜨거운 현장의 열정이 관객들에게도 온전히 전달되기를 희망한다.

정은영
미술감독

〈승부〉 시나리오를 받은 건 5년 전이었다.

이전까지 바둑에 대해 잘 알지 못했지만 사제지간이던 두 사람의 대결은 너무나 흥미로웠다. 자신만의 기풍을 찾아가는 여정은 내 인생까지 관통하는 주제였다. 매일같이 이기고 지는 승부사들의 치열한 전투. 미술감독이기 전에 한 명의 관객으로서 대형 스크린으로 확인하고 싶어졌다.

그 시절 최고의 자리에 있던 조훈현 국수와 이창호 국수에 관한 자료는 예상보다 훨씬 방대했다. 관련 다큐멘터리부터 회고록, 바둑 잡지와 신문 기사, 한국기원 자료실까지 닥치는 대로 조사했다. 자료가 많을수록 당대를 재현하고 대국 장면의 리얼리티를 구현하는 과정은 바느질처럼 섬세해야 했다.

시각화의 출발점은 당연히 바둑이었다. 정적인 바둑 대결을 치열한 전투 현장처럼 보여줄 방법을 고민하고 또 고민했다. 여러 종류의 바둑판과 바둑돌로 카메라 테스트를 진행한 것은 시작일 뿐이었다. 치열한 승부가 벌어질 대국실을 작업하기 위해서는 심도 깊은 고민이 필요했다. 단순히 장식적인 소품들이 아닌, 자기만의 바둑을 둔 두 사람의 상징으로 대국실을 채우고자 했다. 기풍이 다른 두 인물의 사적인 공간을 구현하기 위해서 대국 뒷이야기에서 각자의 습관과 취향에 관한 힌트를 얻기도 했다. 그렇게 멈춰 있던 공간이 배우들의 열연으로 채워지자, 마치 그 시절 그 순간의 긴장감이 카메라 밖까지 전달되는 듯했다.

〈승부〉를 작업하며 바둑 기사에게는 저마다 바둑을 두는 기풍, '류(流)'가 있다는 것을 알게 되었다. 모든 배우와 스태프들의 노력이 우리만의 '류'가 되기를, 그래서 두 사람의 '승부'가 관객들에게 온전히 전달되기를 바란다.

만든 사람들

감독 김형주

각본 김형주, 윤종빈

출연 이병헌, 유아인, 고창석, 현봉식, 문정희, 김강훈

특별출연 조우진

제공/배급 ㈜바이포엠스튜디오

제작 ㈜영화사월광

공동제작 BH엔터테인먼트

프로듀서 김태원

촬영 유억

조명 한경욱

미술 정은영

현장녹음 윤성기

의상 조상경

분장 박선

편집 김상범

음악 조영욱

사운드 김창섭

색 보정 박진호

시각 효과 한재호

바둑 자문 김선호, 서건우

故 남문철 배우를 기억합니다

승부 각본집

초판 1쇄 인쇄   2025년 4월 14일
초판 1쇄 발행   2025년 4월 21일

지은이   김형주, 윤종빈

책임편집   안희주
외주편집   김새미나
디자인   studio forb
책임마케팅   최혜령, 박지수, 도우리
마케팅   콘텐츠 IP 사업본부
해외사업   한승빈
경영지원   백선희, 권영환, 이기경, 최민선
제작   재영P&B

펴낸이   서현동
펴낸곳   ㈜오팬하우스
출판등록   2024년 5월 16일 제2024-000141호
주소   서울시 강남구 테헤란로 419, 11층 (삼성동, 강남파이낸스플라자)
이메일   info@ofh.co.kr

ⓒ 김형주, 윤종빈
ISBN 979-11-94654-57-5 (03680)

스튜디오오드리는 ㈜오팬하우스의 출판브랜드입니다.

* 이 책은 저작권법에 따라 보호받는 저작물이므로 무단전재와 무단복제를 금지하며, 이 책 내용의 전부 또는 일부를 이용하려면 반드시 저작권자와 ㈜오팬하우스의 서면동의를 받아야 합니다.
* 책값은 뒤표지에 표시되어 있습니다.
* 잘못된 책은 구입하신 서점에서 바꿔드립니다.